書くスキルも
設計スキルも
飛躍的に上がる!

プログラムを読む技術

岩松 洋

日経BP

発刊に寄せて

　プログラマーの人材不足が叫ばれる中、プログラミング教育と言えば、とかくプログラムが書ける人材を育成する必要性にばかり目を奪われがちです。本書は、著者の岩松洋氏が岡山大学の情報工学科および大学院でプログラミングを学び、会社でプログラマーをしていた経験の中で、プログラムを読むことの重要性に気づき、その視点から書かれた一冊です。

　昨今、最終的に作成するシステムを短期間で作成するために、プログラムは使えるものがあればそれを流用し、なるべく自分でプログラムを書き起こさないことが推奨されるようです。Pythonなどは特にその傾向が強く、ライブラリを使いこなすのがプログラミングの主な仕事となっている感があります。会社の中で仕事をしていれば、先輩技術者が作ったプログラムをメンテナンスすることもあるでしょうし、自分が昔作ったプログラムを修正することが必要になることもあるに違いありません。それらの場合、常に要求されるのがプログラムを読む技術です。

　本書は、そうしたプログラムを読む技術を初心者の視点からわかりやすく書いたものです。100％著者の経験に基づいています。もしかするとベテランプログラマーなら誰でも頭の中に持っていることかもしれませんが、それをわかりやすく言語化、体系化したことにより、プログラミングに携わる人であれば誰でもすぐに読むことができる内容となっています。いわば、岩松理論のプログラミング技術の本であると言ってよいでしょう。

Chapter 2では他人のプログラムを読むのが難しい理由について、考えられるさまざまな要因を挙げて説明しています。Chapter 3からChapter 5は読む技術です。まずChapter 3ではプログラムにおける入力と出力という、そのプログラムと外部との接点から把握することを勧めています。Chapter 4ではプログラム全体を把握する方法、Chapter 5では効率よく1行ずつ読んでいくコツを述べています。Chapter 6以降は具体的にプログラムを取り上げ、それを読むことにより、具体的な技術を身につけることができるように書かれています。

　全体的に、リラックスして気楽に読み進めることができるような文体で書かれていて、読み進めながらスーッと頭に入っていくでしょう。言語はC言語とPythonが出てきますが、これらの言語に詳しくなくても内容は理解できると思います。文法の初歩を覚えたら、次はこの本を読んでプログラムを読む技術を知りましょう。読み方を勉強すれば、自分で書くプログラムも読みやすいものになっていくに違いありません。

2024年9月2日
甲南大学　知能情報学部　教授
田中雅博

Contents

発刊に寄せて ………………………………………………… 3
あとがき …………………………………………………… 205
著者プロフィル …………………………………………… 207

Chapter 1

なぜプログラムを読む力が必要か ……… 11

初心者がプログラムを"読む"機会 ………………………… 12
仕事でプログラムを読む必然性 …………………………… 16
読めば読むほどスキルアップ ……………………………… 19
[コラム] プログラミングを指導する立場の皆さんへ …………… 22

Chapter 2

他人のプログラムを読むのが難しい理由 ... 23

他人のプログラムが読みにくい7つの理由 ... 24
- ❶ 設計する際の考え方の違い ... 25
- ❷ プログラム作成に使われた言語の違い ... 27
- ❸ 関数の作り方の違い ... 29
- 同じ目的でも異なるコードの関数に ... 30
- [コラム] 単一責任の原則 ... 33
- ❹ 関数名・変数名の付け方の違い ... 33
- [コラム] 変数hoge ... 36
- ❺ コメントの書き方の違い ... 36
- ❻ 入力や出力の考え方の違い ... 39
- ❼ スキルの違い ... 41

Chapter 3

「入力」と「出力」を探すのがコツ ... 45

プログラムの構造は入力→処理→出力 ... 46
- タイムカード管理のプログラムで構造を確認 ... 49

プログラムの読み方 ... 51
- 各行の読み込みは全体の把握が前提 ... 52
- 全体を把握するコツ ... 55
- 1行ずつ読み解いていくコツ ... 56

Chapter 4

プログラム全体を把握する ... 59

プログラムを読む前にすること ... 60
- ドキュメントを探す ... 61
- 外部仕様書を読む ... 62
- 詳細設計書を読む ... 66
- プログラムを書いた人に聞く ... 69
- プログラムを実行してみる ... 70
- プログラムの目的から実装をイメージする ... 71

プログラムを読むときにすること ... 72
- ❶ メイン部を読む ... 73
- メイン部の処理を分解する ... 85
- ❷ データ構造を読む ... 88

Chapter 5

効率良く1行ずつ読んでいくコツ ... 93

1行から入力と出力を読み取る ... 95
- 実行文から入力、処理、出力を探す ... 96

変数を読む ... 99
- 変数名から変数の目的を推測する ... 100
- [コラム] 変数iはどういう変数？ ... 101
- 変数の有効範囲を把握する ... 102
- 代入されている場所と参照されている場所 ... 105

繰り返し文を読む ……………………………………………………………… 106

関数を読む ……………………………………………………………………… 111
 関数の入力と出力を読み取る ……………………………………………… 113

クラスを読む …………………………………………………………………… 116
 役割や目的から詳細を読み取る …………………………………………… 117

Chapter 6

[実習]
プログラムを読む（入門レベル） …………… 121

数当てゲーム …………………………………………………………… 123
 プログラムを読む前に推測する …………………………………………… 124
 プログラムを読む …………………………………………………………… 127

人対コンピューターの三目並べ ……………………………… 130
 プログラムを読む前に推測する …………………………………………… 131
 プログラムを読む …………………………………………………………… 137
 部分部分を読み解いていく ………………………………………………… 146

人対人の三目並べ ………………………………………………………… 148
 プログラムを読む前に推測する …………………………………………… 149
 プログラムを読む …………………………………………………………… 153
 データ構造を読む …………………………………………………………… 162
 部分部分を読み解いていく ………………………………………………… 163

Chapter 7

[実習]

Pythonのモジュールを読む ... 165

randomモジュールのrandrange()関数 ... 167
プログラムを読む前に推測する ... 168
プログラムを読む ... 172

calendarモジュールのmonth()関数 ... 180
プログラムを読む前に推測する ... 180
プログラムを読む ... 183

Chapter 8

[実習]

業務システムを読む ... 189

顧客管理システム ... 190
プログラムを読む前に推測する ... 190
プログラムの全体像を想像する ... 194
プログラムを読む ... 197
メイン部の流れをつかむ ... 201

Chapter 1
なぜプログラムを読む力が必要か

プログラマーなら「プログラムを書く」のがメインであって、技術が必要なほど読むことが大事とは思えない——。そう思う人は少なくないのではないでしょうか。逆に、「確かに読むのは大事なこと。効率良く読むためのテクニックがあるならぜひ知りたい」と思う人もいるでしょう。

　恐らくプログラムを読むことの大事さがわかっている人は、ある程度プログラミングの経験があり、特に仕事でプログラミングやソフトウェア開発に携わっている人、そして恐らくはまだ仕事を始めてまだ年数が浅い人なのではないかと思います。

　一方、「プログラムを読む」と言われてピンと来ない人は、プログラミング言語の入門書を読んで、さあいよいよ自分でもプログラムを作ってみようという段階の人が多いのではないかと思います。

　でも実は、そんな人たちでもよくよく考えてみると、プログラムを読む機会はたくさんあります。初心者段階でも、実際にはたくさんのプログラムを"読んでいる"のです。

　私自身、最初はプログラムを読むことの意味やメリットについてあまり深く考えていませんでした。もちろん今は違います。プログラムを読むのにはさまざまな効果があります。本章では、実はプログラムを読む機会は思いのほか多いということと、プログラムを読めることのメリット、意味について、私の経験を交えながら皆さんと共有しておきたいと思います。私自身が何を経験してどう考えていたかをベースにしていますが、決して私が特殊だったわけではありません。どのプログラマーにも共通しているところが多いと思います。なので、皆さんにとってはこれから行く道だと思って読んでいただければと思います。

 ## 初心者がプログラムを"読む"機会

　私がプログラミングの世界に足を踏み入れたのは大学にいたときでした。岡山大学工学部情報工学科（現・情報工学コース）に進学したのですが、まったくの素人から入門した状態でした。そのときのことを思い返してみると、次のような"読む"機会がありました。

❶ 学習用サンプルプログラムを読む
❷ 書籍のサンプルプログラムを読む
❸ 友人の書いたプログラムを読む
❹ 過去に自分が書いたプログラムを読む
❺ 先輩のプログラムを読む

　❸や❺のように、早い段階から周囲の人が書いたプログラムを読む機会があったというのは環境によるところが大きいかもしれません。でも、❷の書籍のサンプルプログラムや❹の自分の書いたプログラムであれば、誰でも目にするはずです。
　❶の学習用サンプルプログラムは、主として大学の授業を通じて提供されたもののことです。プログラミングの授業では初期段階で基本的な文法をはじめとする入門レベルのレクチャーがありました。そうした授業を通じてプログラムを書くための準備が整ったところで、
● プログラムのバグを修正する
● 途中まで書かれたプログラムの残りを書いて完成させる
といった課題が出ていました。
　いずれもサンプルプログラムを渡され、指示通りに修正したり、書き足したりする課題です。どこにバグがあるか見つけるためには、プログラムを1行1行に至るまで読み解く必要がありました。また、書きかけのプログラムを完成させるために残りを書き足すためには、指定された部分に何が書かれているかを読み解かないといけませんでした。
　❷の書籍のサンプルプログラムは、多くの人が経験しているところでしょう。私が入学生のころ購読していたパソコンの雑誌には、ゲームのプログラムが掲載されていました。プログラムを書けるようになった私は、そのプログラムで遊んでみたい！と思いました。何日かかけて少しずつプログラムを入力し、ようやく完成したのでコンパイル[*1]したところ、残念ながらエラーになってしまいます。
　文法エラーは何とか自力で修正してコンパイルを通したのですが、いざ、実行してみると、カーソルキーを押しても動きません。スペースキーを押して

---

*1　コードとして記述したプログラムを、コンピューターが実行可能な形式に変換すること。プログラミング言語によってはプログラムを実行するためにコンパイルを必要とします。

も、弾は発射されません。どこが悪いのだろうとプログラムソースを調べましたが、おかしなところやバグを見つけることはできず、せっかく入力したプログラムも動かないまま削除することになりました。

　何らかの不具合を見つけるためにはプログラムを1行ずつ読み解き、エラーになる理由を見つけなければならなかったのですが、初心者をようやく脱したくらいだった私には雑誌のプログラムをそこまで読み解く力がなく、大変残念な思いをしたことを覚えています。

　書籍や雑誌のサンプルプログラム、あるいはインターネットで見つけたプログラム、もしかしたら生成AIが作ったプログラムを読むという機会は、レベルの高い、低いを問わず多々あります。読み解く必要があるのは、これらのプログラムがうまく動かないとき。修正するためには1行単位で読み解かなければなりません。

　❸の友人のプログラムを読むというのは、周囲の人のプログラムを参考にさせてもらうといった状況で必要になります。私の場合には、プログラミングの授業の課題で、「コンパイラを作る」というものがありました。自分でごくごく簡単な架空のプログラミング言語を作り、その文法で書いたプログラムをLISPという言語のプログラムに変換するという課題です。

　私は、if文とfor文だけというシンプルなプログラミング言語を設計し、それに合わせてLISP用のコンパイラのプログラムを書いたのですが、どうにもうまくコンパイルができません。そこで、同じような設計で取り組んでいた友人のプログラムを参考にさせてもらうことにしました。このときも友人のプログラムを読み解けないと、私のプログラムの参考にすることはできません。雑誌のプログラムと違って、わからないところは友人に聞けたので、何とか自分もコンパイラを完成させることができました。

　ここでは私の学生時代の経験をお話ししていますが、プログラマーを仕事としている人にも同様の状況が起こり得ます。システム開発のプロジェクトではソースコードレビューなどの場面で、同じように同僚のプログラムを読むことが求められるといった状況に通じるものがあるためです。もちろん、同僚のプログラムを参考にさせてもらうことも少なからずあるでしょう。

　❹の過去に自分の書いたプログラムを読むというのも、意外と求められます。そして思いのほか難しいことがあります。「自分で書いたプログラムなのだから、自分で読むのは簡単でしょ？」と思う人もいるでしょう。でも、ある

程度プログラミングの経験を重ねた人ならわかっていただけるのではないかと思いますが、自分の書いたプログラムでも苦労しないと読み解けない場面もありました。

　最も印象に残っているのが、プログラムを作る実習で、提出したプログラムに不備があり再提出を求められたときです。たった1カ月ほど前に自分が書いたプログラムなのですが、読み返してみるととてもわかりにくい。かなり気合を入れて読み解く必要がありました。

　自分が書いたプログラムなのに、1カ月もすると書いた当時のことは忘れてしまっていて、プログラムソースを読んでいても疑問点だらけになってしまうのです。「なぜこの関数を作ったのか？」「この変数にはどんな値が代入されるのか？」とか。自分のプログラムですから、他人に聞くわけにもいかない。課題だから設計ドキュメントも残していない。結局、もう一度課題に取り組むつもりで読み返しました。自分で作ったプログラムだから、自分ならわかるというものではないのです。

　❺の先輩のプログラムを読んだときには、ドキュメントや助言、アドバイスが整った状況でも、他人のプログラムを読むのは簡単なことではないと実感しました。

　私が4年生になったとき、研究室の所属となり卒業論文のための研究が始まりました。MATLABというプログラミング言語で、研究テーマに沿って数値計算をするプログラムを作ることになりました。この研究は先輩から引き継いだもので、基本的に先輩が作ったプログラムを修正・改造して自分の研究に使うという前提です。

　その先輩は前年に卒業していたので、ドキュメント代わりにその先輩の卒業論文を参考にして、何とかプログラムを読み解きました。先輩の指導をしていた助教授が僕のことも担当してくださったのも大きかったですね。

　それでも読み解くこと自体はとても大変でした。なぜなら当時の私のプログラミングの技術は、書くことも読むこともまだまだだったので、先輩のプログラムを読み解くのには非常に苦労しました。

　と、私の経験をご紹介しましたが、いずれも「読まないと書けない」という状況だったということがご理解いただけたのではないかと思います。「プログラムは書くもの」と思っている人でも「プログラムを読む」ことができないと、プログラムが書けない、もしくは書き始めるのに大変苦労することにな

ります。プログラムを作るという一連の作業で、読む技術を養っていくことが全体の効率を大きく引き上げるということをわかっていただけたのではないかと思います。

仕事でプログラムを読む必然性

　ここまで見てきたように、学習を主とする段階でもプログラムを読む機会はたくさんあります。これが、仕事となるとさらに機会は増え、プログラムを読むスピード、読む精度が能率に直結してきます。このため効率的に読むことが求められるようになります。

　私自身の経験をもとに、業務の中でプログラムを読む機会を次のように分類してみました。

❶ バグ修正・デバッグ
❷ 機能追加・仕様変更
❸ ソースコードレビュー
❹ コードリファクタリング
❺ 他人のコードの引き継ぎ
❻ コードのドキュメンテーション
❼ テストの作成

　それぞれに何を目的にどのように読み取らなければならないのかが微妙に変わってきます。1つずつ、何を求められてプログラムを読むのか、見ていきましょう。

　❶のバグ修正・デバッグは、プログラムの中に修正すべき点があり、それを見つけて修正することです。システム開発において、コーディングよりもテストおよびデバッグのほうが長くなりがちです。テストはコーディングよりも1.5倍から2倍の時間がかかるのが一般的です。工数を見積もるときも、このくらいを目安にしています。

　テスト工程で見つかったバグは、修正する必要があります。バグがたくさん見つかるほど、プログラムを読む時間も長くなります。

プログラムを修正するときには、言うまでもなく、プログラムを読み解き、理解したうえで修正することが大事です。理解が不十分な状態で修正をすると、新たなバグを仕込んでしまうことにもなりかねません。実際、バグがバグを生むというのは、開発の現場では起こりがちなことでもあります。
　すでに利用しているプログラムに対して機能を追加したり、利用の実態に合わせて仕様を変更したりということもあります。これが❷の機能追加／仕様変更です。
　人によって異なるところはあるのでしょうが、私自身が携わったプロジェクトでは新規のシステムを最初から担当するということはそれほど多くはありません。参加したほとんどのプロジェクトは、機能追加や仕様変更、バージョンアップといった既存のシステムを変更するためのものでした。記憶をたどると、新規が1なのに対して、変更が5というところでしたね。
　自分が以前に担当したシステムを変更する場合もあれば、自分が新規に飛び込むシステム改修もありました。いずれにしても、すでに稼働しているシステムを修正することになります。
　機能追加や仕様変更の難しいところは、すでに稼働しているシステムを壊すことなく修正しなければならないという点です。機能追加した部分は正しく動くのはもちろんですが、修正した影響で従来利用できていた機能が動かなくなったという事態は絶対に避けなければなりません。そのためには、既存のプログラムを読み解く必要があり、読み解いたうえでプログラムを修正するという手順が必要です。決して機能追加、修正する部分だけを読めればOKというわけではありません。その影響がないかどうかを見極める読み方が求められ、手を入れる必要のない部分も読み込んでおく必要があります。
　プロジェクトに参加していると❸のソースコードレビューに定期的に参加するケースが増えるでしょう。ソースコードレビューというのは、開発チームで、他のチームメンバーの書いたプログラム（ソースコード）をレビューすることです。書いた本人だけでなく、たくさんの目に触れることで問題点や改善点を見つけ出し、プログラムの品質向上を目指すも活動です。チーム全員、あるいは選ばれた数名で一定の完成度に達したプログラムをレビューします。
　私が経験したソースコードレビューで印象深いのは、レビュー対象者が書

いたプログラムを印刷して、メンバーに配布して、会議室で1行ずつ追いかけるというやり方でした。このやり方をしていたのはかれこれ25年ほど前のことですが、取り上げられたプログラムの作成者（もしくは代理のエンジニア）がコードの説明をすることもあれば、ただ黙々と、全員でプログラムとにらめっこして読んでいくこともありました。

ソースコードレビューでは「プログラム内、もしくは他のプログラムとの間に矛盾がないか？」「ロジックが正しいか？」「コーディング規約にあっているか？」「プログラムは読みやすいか？ 保守しやすいか？」といった観点で、プログラムを評価します。

私の印象では、ソースコードレビューが上手な人ほど、プログラムあるいはシステム全体を把握する力があり、かつプログラムの細部を読み取る技術もあります。つまり読む実力が高いのです。往々にして、こういう人はいいプログラムを書く人でもあります。そうした経験から、私は「読む」力と「書く」力はリンクすると思っています。

❹の他人のコードの引き継ぎも、業務上、かなり切実に「読む力」が求められる場面です。

というのは、新規開発のプロジェクトに携わったエンジニアが、そのまま仕様変更や改善のプロジェクトを担当できるとは限らないからです。当人が別のプロジェクトを担当していたり、別部署に移籍していたり、退職していたり、などといった理由が考えられます。本人が希望してもそれが通らないということもあるでしょうし、プロジェクトリーダーがその人を呼びたいと思っても、それがかなわないということもあります。

こういうときに、自分が作ったのではないプログラムを前任者から引き継いで担当することがあります。ドキュメント、仕様書がある場合はそれを参考にします。それでも他人のプログラムを読むのに苦労するときはありますし、そうしたドキュメントがないこともあります。他のプロジェクトにいたとしても本人にコンタクトできればまだいいほう。退職しており、連絡が取れないとなれば、ノーヒントでプログラムを読んでいかなくてはなりません。

❺のテストの準備も開発プロジェクトの重要なプロセスの1つです。ここでもプログラムを読むことが要求されます。

テストでは、作成あるいは修正したプログラムが不具合なく動作することを確認します。個々のプログラムのテストである単体テストのときには、プロ

グラムが意図した通りに動作するかどうかを確認するため、どのようなテストが必要かを考えます。個々のテストをテストケースと言います。テストケースを作っていくのがテストの準備です。ここでプログラムを読めなければ、テストケースを考えることができません。

　また、プログラム間を連携させてシステムとしての動作をチェックする統合テストでは、主として仕様書の内容をもとにテストケースを考えます。でも、仕様書に書き切れていないことも多く、結局は関連するプログラムを読んで仕様書を補わなければならない場面が、ほぼ必ず出てきます。

　❻のリファクタリングは、ちょっと特殊なケースかもしれません。私自身、それほどたくさんの経験があるわけではありませんが、やはり「読む力」が求められたケースとして印象深いプロジェクトがあります。

　リファクタリングとは「動作を変えずにプログラムを書き換えること」です。多くの場合、継続的に開発が行われているシステムを対象に、保守性や改修時の作業効率をアップさせることを目的に、プログラムを読みやすくするような改修をします。

　私がリファクタリングに携わったのは、私が所属していたチームが開発したシステムで、新規開発から5年ほどの間に仕様変更や機能追加を繰り返した結果、プログラムが読みにくく、保守性が低くなってしまっていました。途中、開発メンバーの入れ替わりもあり、このままシステムを保守・改良していくのには限界を迎えていたため、リファクタリングが実施されたというわけです。

　ただでさえ、稼働中のシステムの動作を変えないこと、修正時にバグを作らないようにすることが求められます。しかも、読みにくいことが問題になっているプログラムを読まなければなりません。私の経験してきた仕事の中でも、最もプログラムを読む力が要求された案件として、とりわけ記憶に残っているのがリファクタリングです。

 ## 読めば読むほどスキルアップ

　ここまで見てきたように、学習の段階であれ、業務に従事するようになってからであれ、プログラムを読む機会はたくさんあります。そこでの効率や

正確性を上げることで、学習や開発の効率は間違いなくアップします。その意味で、「プログラムを読む」こともプログラマーの重要なスキルであることと言っていいでしょう。

ベテランのソフトウェアエンジニアであれば、プログラムを読むのが大事なんて当たり前。そのためのスキルも身に付けています。でも、その多くは「たくさんプログラムを読んでいるうちに、いつの間にか読めるようになった」ものでしょうから、先輩にそのスキルを教えてもらおうと思っても、そう簡単には引き出せないかもしれません。いつの間にかできるようになったことは、自分でもどうやって読めるようになったか説明しにくいものです。

確かに私自身もさまざまなプログラムを読む経験からいつの間にかプログラムを読めるようになったクチかもしれません。でも、確かにそこにはコツがあり、読み方があります。本書では、プログラマーとしての私が、プログラムを読む時に頭の中でどのようなことを考えているかをできるだけ体系立てて書き出しました。プログラミングを学んでいる人にも、これから仕事のできるプログラマーとしてやっていきたい人にも役に立つよう、プログラムを読む技術をまとめられたのではないかと自負しています。

まずは、どうして他人の書いたプログラムは読みにくいか、その理由を解明します（Chapter 2）。プログラムが読みにくい理由がわかれば、どこから解きほぐせばいいかが見えてきます。

プログラムを読むときには、何を読み取ればいいのか、漠然と読むよりも目的を持って読むほうが、効率がアップします。では、最初に読むときにはどこに目を付けて、何を読み取ればいいのか。どんなプログラムであれ、読み方の原則があります（Chapter 3およびChapter 4）。

皆さんは、プログラムをどのように書けばいいか、基本的な文法はもうすでに理解しています。文法知識は読むときにも必須です。どういった構文はどのように読めばいいのか、具体的なコードを見ながら、読むときにどのように文法を活用するかも解説しました（Chapter 5）。

あとは、実践あるのみ。Chapter 6以降は実習パートです。さまざまなプログラムを実習用に用意しました。本章で見てきた通り、プログラムを読む場面はさまざまで、読み解いて何をしたいのかは千差万別です。このため、「こう読むのが正解」というのが1つには定まらないことがほとんどです。本書の実習パートで解説していることはあくまで読み方の一例に過ぎません。

一度読み解いたプログラムでも、いろいろな視点で読み直すことで読み方のスキルは上がっていきます。ぜひ、一度と言わず、二度、三度と読んでみてください。

　プログラムの読み方を知ることで、皆さんがプログラムを読めるようになるまでの時間を短縮できたらと思っています。本書を読んで、読み方を知って、たくさんプログラムを読んでみてください。コツを知ってから始めることで、私がここまでになったよりもずっと早くプログラムを読めるようになるでしょう。

　最後に、プログラムを読むことのメリットをまとめておきましょう。ここまで説明してきた通り、学習、業務いずれの効率も上がっていきます。それに加えて、プログラムを読めるようになると、プログラムを読むことが苦ではなくなります。今はインターネットにさまざまなプログラムが公開されています。読むトレーニングの題材には事欠きません。たくさんのプログラムの中には、読みやすいプログラムもあれば、読みにくいプログラムもあるでしょう。どう書いてあると読みやすいのか、どう書いてあると読みにくくなってしまうのか。それが蓄積されれば、必ず皆さんがプログラムを書くときにも生かされます。

「この人は読みやすくて、いいコードを書くね」

　そう言われたいなら、プログラムを読むことが大いに役立ちます。

　さらにもう1つ、重要なメリットがあります。それは、プログラムの動作を知ることができるという点です。本書では主としてPythonのプログラムを取り上げています。Pythonの場合、Python本体の機能やよく使われるライブラリもPythonプログラムとして提供されています。つまり、Pythonを導入していれば、こうしたプログラムに直接当たることも可能です。

　もちろん、Pythonやその周辺プログラムにはドキュメントも用意されているし、解説記事や書籍もたくさんあります。それでも、「このモジュールを使うには、どうコーディングすればいいんだろう」という場面は少なからず出てきます。インターネットを検索しても、自分が知りたいことがズバリ見つかるとは限りません。そんなときには、プログラム本体を直接見てみることが可能です。解説記事だけではわからなかったことや、実はこんな動作をするのかといった発見をすることもあります。そのあたりも本書を通じて、プログラムを読むことを活用していただければと思います。

プログラミングを指導する立場の皆さんへ

　この本を手に取ってくださった方の中には、後進に対してプログラミングの指導をする立場の方もいらっしゃることと思います。ご自分のプログラムの読み方を、この本に書かれた読み方と照らし合わせて確認し、スキルの棚卸し、言語化のヒントに使っていただけたらと思います。その確認が、プログラムの読み方を教える際に役立ちます。ご自分なりの読み方理論を作る手助けになれれば、私としても幸いです。

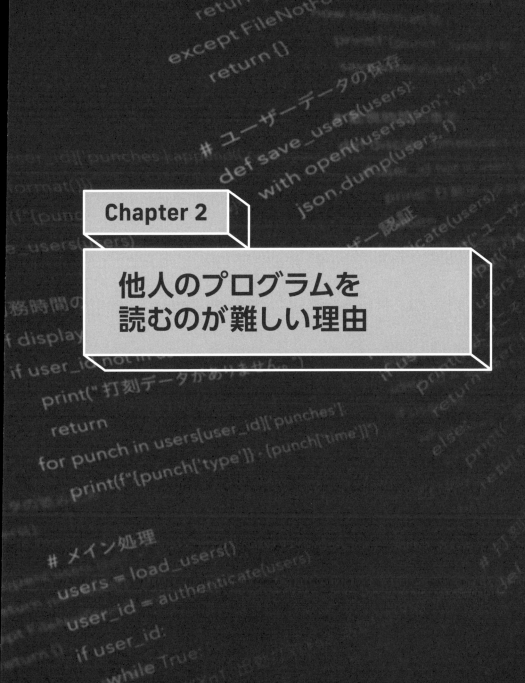

前章ではプログラムを読めたほうがいい理由について解説しました。特にプログラミングを始めたばかりの人にとっては「プログラムは書くもの」という認識が強かったかもしれません。"書く"のと同じくらい"読む"ことも重要だということがご理解いただけたのではないかと思います。
　「そんなことは知っている」という人もいらっしゃるでしょう。すでにアプリケーション開発の仕事に携わっているような人であれば、すでに他人のプログラムを目にする経験があることでしょう。そういう人であればきっとこう思うのではないでしょうか。「他人のプログラムを読むのは大変だよ？」
　そこで、本章では実際にプログラムをちょっと見てみようと思います。プログラムを読むのが、決して簡単ではないことがわかると思います。私自身、同僚が書いたプログラム、あるいはインターネットで探したプログラムなどでは、読むのにとても苦労することがあります。プログラミングに携わっている間は、プログラムを読む難しさとはずっと付き合うことになります。
　でも、読む難しさには理由があります。闇雲にプログラムを読む前に、まずはなぜ他人のプログラムが読みにくいのかを理解しておきましょう。それを意識することで、実際にプログラムを読むときにどこに気を付ければいいかが見えてきます。

他人のプログラムが読みにくい7つの要因

　他人のプログラムが読みにくいのは、そのプログラムを書いた人と読む人（この場合は私たちですね）の考え方や目の付け所、意識にズレがあるためです。どういうところにそうしたズレが生じるのかについて整理したところ、7つのポイントがあることがわかりました。それは

❶ 設計する際の考え方の違い
❷ プログラム作成に使われた言語の違い

❸ 関数の作り方の違い
❹ 関数名、変数名の付け方の違い
❺ コメントの書き方の違い
❻ 入力と出力の考え方の違い
❼ スキルの違い

の7つです。では、それぞれについて見ていきましょう。すでに読みにくいプログラムに苦労した経験のある人は思い当たるところが多いのではないかと思います。

 ## ❶設計する際の考え方の違い

　ここでいう設計とは、機能をプログラムに実装する際の設計です。一般に詳細設計と言われる段階の設計のことと考えてください。
　設計で読みにくさが生じてしまうことの例として、どういう処理をどのような順でプログラム内に記述していくかで読みやすさが変わる例を見ていただこうと思います。
　皆さんはプログラムを書くとき、どういうふうに書きますか？
「最初に何をやって、次に何をやって、最後に何をやったら完成だ」。
　こんなふうに考えてからプログラムの大まかな構造を作ります。これが詳細設計です。小さなプログラムだとドキュメントを作るようなことはしないケースも多いと思いますが、それでも設計段階としてこのように考えをまとめてから書き始めることと思います。このようなプログラムの設計について、読む人と書く人で考え方が違うと読みにくくなります。
　単純なプログラムを例に考えてみます。3種類の処理をするプログラムを作ろうとしています。ここでは処理A、処理B、処理Cと呼ぶことにしましょう。実は処理Aと処理Bはどちらを先に実行してもかまいません。それぞれの結果をもとに処理Cを実行するというプログラムを作るとします。

図2-1　処理Aと処理Bの結果を処理Cで利用するプログラムの構造

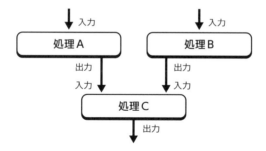

このとき、処理Aと処理Bはどちらが先でもかまわないのでプログラムの記述は次のいずれかになります。

図2-2　2パターン考えられるプログラムの記述

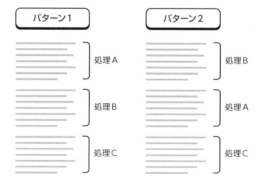

　いずれの順番でも同じことが実現できるので、パターン1、パターン2のどちらで書いてもいいわけです。でも、自分の着想に従ってこういうプログラムを書くとA→B→Cの順になるという人ならば、他人のプログラムを読むときにもその順であると頭の中で想定してしまうでしょう。このため、B→A→Cの順で書かれたプログラムを見ると戸惑ってしまいます。

　この例のように処理が3種類のプログラムであれば、もしかするとそのあたりはそれほど苦労なく読み替えることができるかもしれません。でも、

もっとたくさんの処理が必要となるアプリケーションであれば、読む側が思い描いていない設計や発想、考え方で書かれたプログラムは大変難解になるのは想像に難くないでしょう。

❷プログラム作成に使われた言語の違い

　複数のプログラミング言語をいずれも巧みに操れる人を目指したいという人も多いのでは？ でも実際にはなかなかそうはいきません。特に経験が浅い人ほど、どのプログラミング言語を最初に学んだか、ベースとなるプログラミング言語は何かで、得意な言語とそれ以外にくっきり分かれてしまうのではないでしょうか。そうしたプログラミング言語のスキルにより、プログラムが読みにくくなることも考えられます。

　たとえば、プログラミング入門書で取り上げられることの多い、「Hello, World!」と出力するプログラムを考えてみましょう。まずは、C言語の場合、次のようなプログラムになります。

コード2-1　Hello, World!を出力するC言語のプログラム

```
01  #include <stdio.h>
02
03
04  int main() {
05      printf("Hello, World!\n");
06      return 0;
07  }
```

　一方、Pythonで書くとこんな感じになります。

> **コード2-2　Hello, World!を出力するPythonのプログラム**

```
01  print("Hello, World!")
```

　C言語はメイン関数を作り、その中に処理を記述します。たとえば、変数を使うときには宣言が必要です。数値の型は、Pythonであれば整数型と浮動小数点型の2種類なのに対して、C言語にはもっとたくさんあり、それを使い分けなければなりません。一方、Pythonにはそうした構文に従う必要はなく、必要な処理を直接記述できます。Pythonからプログラミングを始めた人にとって、C言語はとても面倒くさいプログラミング言語だと感じることでしょう。

　でももし、C言語に慣れている人がPythonで同じ機能のプログラムを作ると、こんな風になるかもしれません。

> **コード2-3　C言語の記述に慣れた人が書いた
> 　　　　　　Hello, World!を出力するPythonプログラムの例**

```
01  def main():
02      print("Hello, World!")
03
04
05  main()
```

　もしPythonしか知らない人がこのコードを見たら、処理内容を読み解く前に「何でこんなことするの?」という疑問にとらわれてしまうかもしれません。これだけのプログラムだったらそれでも読み解くことはできるでしょうが、もっと長いプログラムだとこうした記述の違いがプログラムを読む際の妨げになる可能性は大いにあります。

　このように、プログラムを読む側のベースとなるプログラミング言語、最初に学んだプログラミング言語の違いによって、プログラムは読みにくくな

るかもしれないのです。

❸ 関数の作り方の違い

　関数の記述にも書き手ごとの"クセ"のようなものがあり、読みづらさにつながることがあります。
　皆さんはいつも何行ぐらいの関数を作りますか？
　私は50行ぐらいで関数を作ります。プログラムを書いていて、50行を越えたら関数に分解することを考えます。以前所属していた会社では「100行ぐらいで関数を作るように」と指導されました。C言語でシステム開発をしていたときの話です。
　こうした目安についてインターネットで検索してみると、「20行ぐらい」「1画面に収まるぐらい」「処理に対して妥当ならば、1000行になってもかまわない」など、さまざまな意見が見つかります。このように関数の作り方は人によって違います。違いがあるということはそれだけ読み解くのが難しくなるということです。
　関数が出て来ないプログラムはほぼないと言っていいでしょう。このためプログラムを読む際には、必ず関数を読み解く必要があります。その詳細を正確に読み取るためにも、そもそもなぜ関数を作るのか、その目的を整理しておきたいと思います。
　関数の目的の1つに、同じ機能を持つ処理を再利用することができるという点が挙げられます。同じ処理をするところは関数にすることで、プログラム全体を短くすることができます。また、テストも簡単になり、仮に想定した通りに動作しないことがわかっても、どこに問題があるのかがわかりやすく修正の手間を減らせます。
　再利用する必要がなくても、機能ごとにコードをまとめて分けることができることから関数を使うというケースもあります。そうした考えで記述されたプログラムでは、関数としてまとめられた処理を1つの機能として読むことができるため、ベタに書かれたコードを1行ずつ読んでいく必要がなくなります。結果として読みやすいプログラムということになり、全体の理解も容易になります。

プログラムを読む際に関数が出てきたら、どちらの目的で書かれたのか、プログラマーの意図を考えながら読む必要があります。さらに、同じ目的で処理を関数化していても、プログラマーによって関数の考え方や作り方が違います。自分の考え方に近い人が書いたプログラムなら読みやすいかもしれませんが、そうではない場合に他人のプログラムはとても読みにくくなることがあります。

同じ目的でも異なるコードの関数に

　実際に簡単なプログラムで見てみましょう。例としてじゃんけんのプログラムを取り上げます。皆さんはどんな感じのプログラムをイメージするでしょうか。
　私は、じゃんけんの結果を表示する関数を次のように書きました。

コード2-4　じゃんけんの結果を表示する関数の例（その1）

```
01  # 引数　：hand1 ジャンケンの手「グー」「チョキ」「パー」のいずれか
                                                           の文字列
02  #        hand2 ジャンケンの手「グー」「チョキ」「パー」のいずれか
                                                           の文字列
03  # 戻り値：なし
04  # 内容　：じゃんけんの手を比べて、hand1 から見た結果を表示する
05
06
07  def show_result(hand1, hand2):
08      if hand1 == "グー" and hand2 == "チョキ":
09          print("勝ち")
10      elif hand1 == "チョキ" and hand2 == "パー":
11          print("勝ち")
12      elif hand1 == "パー" and hand2 == "グー":
13          print("勝ち")
```

```
14      elif hand1 == "グー" and hand2 == "パー":
15          print("負け")
16      elif hand1 == "チョキ" and hand2 == "グー":
17          print("負け")
18      elif hand1 == "パー" and hand2 == "チョキ":
19          print("負け")
20      else:
21          print("あいこ")
22          aiko = True
23
24
25      print("")
```

 皆さんはこのコードをどのように読みますか？ 読みやすかったでしょうか。

 もちろんこれだけがじゃんけん関数の実装ではありません。他にもこんなコードを考えてみました。

コード2-5　じゃんけんの結果を表示する関数の例（その2）

```
01  def get_result(hand1, hand2):
02      result = 0
03      if hand1 == hand2:
04          result = 2
05      elif hand1 == "グー" and hand2 == "パー":
06          result = 1
07      elif hand1 == "チョキ" and hand2 == "グー":
08          result = 1
09      elif hand1 == "パー" and hand2 == "チョキ":
10          result = 1
11      else:
```

```
12          result = 0
13
14      return result
15
16
17  # 引数　：hand1 ジャンケンの手「グー」「チョキ」「パー」のいずれ
                                                    かの文字列
18  #        hand2 ジャンケンの手「グー」「チョキ」「パー」のいずれかの
                                                          文字列
19  # 戻り値：なし
20  # 内容　：じゃんけんの手を比べて、hand1 から見た結果を表示する
21
22
23  def show_result(hand1, hand2):
24      results = ["勝ち", "負け", "あいこ"]
25      print(results[get_result(hand1, hand2)])
```

　コード2-4の関数は、じゃんけんというプロセスの中で、双方の手を入力としてどちらが勝ったを判定し、その結果を表示するまでのフローを1つの関数にまとめています。言ってみれば、じゃんけんの勝敗判定と結果の表示という2つの機能を1つの関数で実現しました。一方、コード2-5は、勝敗を判定する機能とその結果を表示する機能を分け、それぞれ個別の関数にしています。

　どちらが望ましいのかというと、「単一責任の原則」があるため、分けるほうが望ましいとは言えるでしょう。でも、多くのプログラマーがそうした原則にのっとってコーディングしたとしても、実装する際の考え方は人によって変わってきますし、実際にはケースバイケースで判断が変わってくるため、一概には言えないところがあります。重要なのはプログラマーがどのように考えて設計したかにより、実装は変わってくるという点です。読む側が「こういう作りになるだろうな」と想定できる範囲から外れてしまうと、そのプログラムを読むことが難しくなってしまいます。

> ### 単一責任の原則
>
> 関数を作る際の考え方の基本に、「単一責任の原則」があります。「関数に持たせる役割・責任を1つだけに限定すべき」という考え方です。こういった原則はありますが、その解釈はプログラマーによって異なるため、関数の作り方も異なることになります。

❹ 関数名・変数名の付け方の違い

　関数について取り上げたところで、もう1点、プログラムを書いた人と読む人の考え方の違いが出やすいポイントを紹介しましょう。それは関数の名前の付け方です。変数の名前も同様です。皆さんは関数や変数に名前を付けるとき、どういう名前にしていますか？

　Pythonの場合、PEP8というスタイルガイドが公表されており、これを模範とするのが一般的です。PEPというのはPython Enhancement Proposalsの略です。PEP8というWebサイトで詳細を確認できます（https://pep8-ja.readthedocs.io/ja/latest/）。ぜひ一度見てみることをお薦めします。

　この中で「命名規約（Naming Conventions）」という項目があり、Pythonプログラムで名前を付ける必要があるさまざまな場面での目安がまとめられています。

　関数と変数については、「すべて小文字にすべき」とされています。名前が読みやすくなるのであればアンダースコア（_）で区切るべきとも言われています。

　これに従うと、たとえば関数であればmy_function、変数であればmy_variableといった名前を付けることになります。

　この場合は2つの単語をアンダースコアでつないでいます。3つもしくはそれ以上の単語を使いたい場合は

```
word1_word2_word3
```

のように書きます。

　という原則はあるのですが、どういう単語を使って、何を表現するのかはプログラマーによって異なります。

　たとえばコード2-5では、じゃんけんの結果を表示する関数をshow_resultと命名しました。「結果」を「表示」するからresultとshowを選んで英文の語順で並べ、アンダースコアで区切って関数名としました。でも、「結果」と「表示」を表す単語ならresultとshowばかりでなく他の選択肢もあります。

- 結果 …… result、outcome、kekkaなど
- 表示 …… show、display、hyoujiなど

　このためコード2-5でじゃんけんの結果を表示する関数は、次のように書くこともできます。

コード2-6　じゃんけん関数の例（その2）で関数名の付け方を変えた場合（22行目以降）

```
23    def kekka_hyouji(hand1, hand2):
24        kekka = ["勝ち", "負け", "あいこ"]
25        print(kekka[get_result(hand1, hand2)])
```

　「こういう機能ならばこういう関数名」という自分なりのイメージを持って他人のプログラムを見るとき、show_resultがしっくりくる人にとってはkekka_hyoujiという関数名はピンと来ない可能性があります。それは間違いなくプログラムを読む際のストレスになります。このくらいの行数のプログラムで、この程度の命名の違いならば付いていける人がほとんどかもしれませんが、大きなプログラムでたくさんの関数を読み解かなければならない場合は、確実に効率が落ちるでしょう。このように名前の付け方の違いで、

他人の書いたプログラムは読みにくくなります。

　実際に自分が経験した、わかりづらい名前には次のようなものがありました。
- 仮に付けた関数名のまま
- 関数の内容を修正したのに、関数名は当初の命名のまま
- 処理内容に一致しない言葉を関数名に使っている

　開発プロジェクトの進捗に遅れが発生して余裕がなくなってくると、どうしても命名に気を配ることができなくなりがちです。名前を見ただけでは処理内容がわからない関数とか、処理内容が名前とは一致しない関数などが現れることも珍しくありません。

　単に名前がピンと来ないというだけでなく、関数名と処理内容が一致しなくなるとプログラムはとても読みにくくなります。そういうプログラムも実際にはたくさんあります。

変数hoge

　今ではプロジェクトごとに命名規則が定められているケースも多くなりましたが、私がシステム開発の仕事を始めたころには仮の変数名としてhogeを使う人がいました。コーディング中に変数名を決められなくて、とりあえずプログラムを書き進めたかったときにつけた名前のようです。hogeの次の変数はhogehogeとか、さらにfugaとか。あとで修正しようと思ったのでしょう。でも、そのままhogeという変数名が使われたままになっていたこともありました。そうなると、本人ですらあとで読む時に何のための変数かわからずに苦労していたなんてこともありました。

　自分の書いたプログラムが自分で読めないというと笑い話のようにも思えますが、意外にありがちでもあります。命名はついつい軽く考えてしまいがちですが、安易な命名はプログラムが読みにくくなる原因になることを覚えておいてください。

 ❺ コメントの書き方の違い

　ほぼすべてのプログラミング言語でコメントを入れられます。コメントは「プログラムの実行されないコード」ということもできます。このため記法を守れば、プログラムのどこにでも、どんな内容でも自由に書くことができます。皆さんがプログラムを書くときは、どこにどのような内容でコメントを入れていますか？

　プログラマーがコメントを書く目的を考えてみましょう。ここでは次の3つ、①プログラムを読みやすくする、②将来、修正すべき箇所を示すため、③プログラムの変更記録を残すため、について考えてみます。ほぼ、この3点に集約できるのではないでしょうか。

　もう少しくわしく見ていきましょう。

　まず①の「プログラムを読みやすくするため」のコメントについて考えて

みます。この場合、プログラムの設計についての説明や、複雑な処理手順の説明などをコメントとして書きます。関数や変数を記述するところで、それぞれを定義する目的などをコメントに書くというケースも多いでしょう。

　こうしたコメントが適切に書いてあると、あとでプログラムを読むときにわかりづらい部分を読み解くヒントになります。仕様書にあたらなくても、プログラムを書いた人が考えた設計を知ることができます。

　②の「将来、修正すべき箇所を示すため」のコメントは、開発時点では何らかの理由でベストのコーディングができなかったときなどに入れるコメントです。時間があればもっとシンプルな処理手順を考えたり、すっきりと書けないか検討したりできるのに、残念ながら突き詰められなかったといったときにこういうコメントが入ります。

　その際、修正したほうがいい理由やどのように修正したらいいかが書いてあると、あとでプログラムを改修したり、コードを流用したりするときに、合わせて該当部分も修正しやすいでしょう。

　③の「プログラムの変更記録を残すため」のコメントは、プログラムのバージョンアップや改修の際、手を加えた部分を示すと同時に、どのように修正したかを記録として残すためのものです。

　変更した日時や変更した理由などがわかりやすく記録してあると、何らかの理由でトラブルが発生したときに調査がしやすいといったメリットがあります。

　コメントを残す目的はこのように整理できますが、実際にプログラムに記述されたコメントはプログラマーによって異なり、さまざまです。短い文章で簡潔に書く人もいれば、詳細に分量たっぷりで書く人もいるでしょう。

　たくさんの箇所にコメントを入れる人もいれば、重要なところだけに絞ってコメントを書く人もいます。ほとんどコメントを残さない人もいます。

　このように、どこにどのように書くか、コメントに対する考え方が人によって違うため、他人の書いたプログラムを読みにくくなります。「コメントがあるはず」と思って読んだプログラムに、コメントが書かれていなかったら、プログラムを読むのに想定より長い時間がかかることでしょう。また、あまり必要でないところにもたくさんコメントが書いていれば、それはそれでスムースに読んでいけないもどかしさを感じることもあるでしょう。だからといって自分が読むときには不要でも、また別の人が読むときには有用なコメント

になることもあり得ます。

　私が参加したプロジェクトでは、「関数の仕様をコメントで書く」というルールがありました。関数名や引数、戻り値、処理内容などを仕様としてコメントに書く決まりになっていました。コメントを書いた日時、書いた人、変更履歴も合わせて書くことになっていました。たとえば、次のようなコメントです。

コード2-7　show_result関数に入れたコメントの例

```
# 関数名：show_result
# 引数　：hand1  ジャンケンの手「グー」「チョキ」「パー」のいずれかの文
#               字列
#        hand2  ジャンケンの手「グー」「チョキ」「パー」のいずれかの文
#               字列
# 戻り値：なし
# 内容　：じゃんけんの手を比べて、hand1から見た結果を表示する
# 20240515 H.Iwamatsu
# 変更 20240708 H.Iwamatsu
#      結果の判定関数 get_result を呼び出すように修正
```

　このように残してあればプログラムのコメントとしては必要十分で、プロジェクトの他のメンバーがこのコードを見れば、show_result関数をどのように読めばいいかわかると思っていいでしょう。

　でも、実際にはこうしたコメントばかりではありません。私の経験では
● コメントが規則に沿っていない
● コメントがプログラムの処理手順や処理内容と一致していない
● プログラムが修正されているのにコメントは修正されていない
といったことがありました。こうなると、コードを読み解くどころかコメントを読み解かなければなりません。コメントが処理内容を示していなかったり、修正した内容が反映されていなかったりするとコメントが正しいのかどうかも考えなければならず、読む側は混乱してしまいます。

こうしたコメントもやっぱり、納期が近づいていたり、開発が遅れたりすることにより、余裕がなくなったときのプログラムにありがちです。どうしてもコメントの内容がおざなりになってしまうことが多いようです。
　コメントを自動生成するツールもあるのですが、プログラマーがコメントを書くのが面倒だからとそういうツールを使ってコメントを作っていたということもありました。もう何のためにコメントを書くのかという目的はどこかに行ってしまって、コメントを書くこと自体が目的になってしまったようなケースです。残念ながらそうして作ったコメントはわかりにくいことがほとんどで、プログラムも読みにくくなってしまっていました。

❻入力や出力の考え方の違い

　プログラムには必ず入力と出力があります。入力は、プログラムに対してデータを与えるものです。キーボードやマウスによる入力もあれば、ファイルやデータベースからデータを受け取る場合もあります。インターネットでデータを取得するプログラムもあり得るでしょう。
　出力は、プログラムが実行した結果、あるいはエラーの情報などを実行した人に見せるためのものです。場合によってはプログラムによる最終的な結果ではなく、途中経過をいったん出力するといったこともあるでしょう。プログラム自身があとで使うために処理結果を出力することもあります。出力には、標準出力やファイルへの書き出し、データベースへ追加や更新、変数への格納などがあります。
　こういった入力や出力をどのようにプログラム内で記述するかについても、プログラマーによって考え方に違いがあります。これが、プログラムを書く人と読む人との間にギャップとなって表れます。
　本章で取り上げたじゃんけんの関数は、じゃんけんのプログラム内で定義する関数という想定でした。じゃんけんのプログラムということは、これを実行したとき、どこかの段階でプレーヤーは自分の手を選びます。これがプログラムにとっての入力になります。ここでは標準入力であるキーボードでグー、チョキ、パーのいずれかを入力するとしましょう。ここで皆さんがプログラムを書くときに、どういう入力をしてもらおうと考えるでしょうか。たと

えば
- 1をグー、2をチョキ、3をパーとして数値を入力してもらう
- 「グー」「チョキ」「パー」のいずれかの文字列を入力してもらう

などが考えられます。

　数値で入力させるプログラムにしておくと、プレーヤーは入力しやすくなります。その半面、プログラムを読むときには勝敗を判定する処理のところで「1は何だったかな？」「2はパーだったかな？」というように考えなければならなくなります。それが読みにくくなる要素であることは想像できますよね。

　その一方で「グー」「チョキ」「パー」のいずれかを文字列として入力するとしてしまうと、プレーヤーにとっては面倒です。でも、プログラム内で「グー」「チョキ」「パー」と表現してあれば、プログラムを読むときにはわかりやすいでしょう。

　実装方法としてはこれ以外にも考えられるでしょう。どれにも長所があり、短所があります。プログラムを書く人が何を優先して、どのような入力を選ぶかによってプログラムは変わってきます。読み手にとっては、自分が想定した範囲の入力であれば読みやすく、想定外の実装だと読みにくくなります。

　出力でも同様のことが言えます。たとえばエラーが発生したときに詳細な情報を出力するようにしたとしましょう。その出力に、標準出力を選ぶか、ファイル出力を選ぶか。

　標準出力を選ぶと、プログラムを実行した人がすぐにエラー内容を確認できます。
ファイル出力を選ぶと、ログファイルのような形でエラーの履歴を残すことができます。

　これもやはりどちらの方法にも一長一短があります。プログラムを書く人がどの出力方法を選ぶかによって、プログラムは違ってきます。自分がイメージする出力であれば、どこに出力が記述されていて、どのようなコードになっているかは理解しやすくなるでしょう。自分のイメージとは異なる出力で書かれたプログラムには苦労することになりそうです。

❼ スキルの違い

　スキルの違いでプログラムが読みにくくなるといっても、読む側がビギナーだったから読めないといった単純な話ではありません。

　私が経験したことを例にしましょう。25年ほど前、私が所属していた会社には、すごく技術力の高い先輩がいました。趣味でエディタを公開していた先輩で、とてもきれいなプログラムを書く人でした。

　でもその先輩が書く、きれいなプログラムを私は読めませんでした。当時主に開発していたのはWindowsのプログラムで、マルチスレッドで、イベントドリブンで、といった技術要素が重視されるプログラムでした。先輩ほどの技術力ではなかった私は、途中から先輩のプログラムを追いかけることができなくなりました。1行ずつ丹念に処理を追いながらプログラムを読み進めていたのですが、ある行を読んだところで、次にどの行を読めばいいのかわからなくなってしまいました。というのは、その先はコールバック関数という形式で記述してある関数を呼び出すようにして、次の処理に進んでいました。でも、当時の私はコールバック関数のことがよくわかっていなかったために、処理を追えなくなってしまったのです。当時、それなりにC言語のプログラムの読み書きはできるようになっていましたが、コールバック関数は結構高度なコーディングであり、そこまでのレベルには達していなかったのが原因です。

　それは決して昔に限った話ではなく今でも起こり得ることです。Windowsプログラミングだけに限らず、Pythonほか現在のプログラミングでも起こります。たとえばPython独特のコーディングにラムダ式関数があります。これは、def文を使って関数を定義することなく関数を作る手法です。

　たとえば、数値が格納されているリストnumbersがあるとします。ここで各要素を2倍にするプログラムはラムダ式を使うと次のように書けます。

コード2-8　ラムダ式を使ってリストの各要素を2倍にするプログラム

```
01  numbers = [1, 2, 3, 4, 5]
02  doubled_numbers = list(map(lambda x: x * 2, numbers))
03  print(doubled_numbers)
```

　ラムダ式のコードを見てすぐに処理内容がわからなくても大丈夫。このコードが読めなくても気にする必要はありません。このプログラムと同じ結果をfor文を使って書くこともできます。

コード2-9　リストの各要素を2倍にするプログラム

```
01  numbers = [1, 2, 3, 4, 5]
02  doubled_numbers = []
03
04
05  for number in numbers:
06      doubled_numbers.append(number * 2)
07
08
09  print(doubled_numbers)
```

　コード2-8ならすぐにわからなくても、コード2-9ならわかるという人も多いのではないでしょうか。私もC言語での開発期間が長かったために、Pythonを手がけるようになってしばらくはラムダ式という考え方に触れたことがなく、当初はコード2-8のようなコードはまったく読めませんでした。
　スキルの高い人が書いたプログラムでも書き方によっては、そこまでのレベルに至っていない人にとっては読めないプログラムになってしまいます。ラムダ式は短い記述で書けるのがいいところですが、構文を知らないと読んでみて何をやっているかを推測するのは極めて困難です。こうした技術的な

「知っている」「知らない」で、プログラムを「読める」「読めない」が決まってしまうケースもあります。

○　○　○

　これまでに他人の書いたプログラムを「読みにくい」「何をやっているのかわからない」と思ったことのある人もいるでしょう。上記のどれか、あるいはいくつかに当てはまっているのではないでしょうか。残念ながら読みにくいプログラムとのお付き合いは、これからもずっと続きます。でも、なぜ読みにくいのかが頭に入っていれば、読みにくいプログラムの解きほぐし方もわかってきます。次の章からは、どうすれば読みにくいプログラムをサクサク読めるようになるのか、"読む技術"について考えていこうと思います。

Chapter 3

「入力」と「出力」を探すのがコツ

すでに開発の仕事に就いている人はきっとプログラムを読むことに取り組んだことがあるのではないかと思います。おそらくは読みにくいプログラムをどう読んだらいいか、悩んだ経験があるかもしれません。前章で取り上げた「読みにくくなる原因」には思い当たるところもあるでしょう。

一方、文法はひと通り勉強したので、これから自分でもプログラムを作っていきたいという人だと、本格的に他人のプログラムを「読む」のはこれからかもしれません。おそらくは今後、他人の書いたプログラムを読む機会が増えてくることと思います。たとえば、「こんなプログラムを作りたい」と思って参考になるプログラムをインターネットで検索するといったケースです。そうしたときに読みにくいプログラムに行き当たる可能性があります。

でも大丈夫。プログラムの読み方にはコツがあります。本章では、読みにくいプログラムの読み方、読むときの考え方をお伝えします。

プログラムの構造は入力 → 処理 → 出力

プログラムはどのように構造されているか。突き詰めるとそれは入力、処理、出力の3段階に分けられます。どういう目的でどのような機能を持つプログラムであれ、全体で見るとプログラムへの入力があり、それを何らかの処理をして出力を得るというプロセスで構成されています。

もう少し細かく見ていくと、中間の処理の部分もまた入力→処理→出力というプロセスになっていると見ることができます。ここでいう「処理」も、さらにその中身を分解すると入力→処理→出力になっています。

こういった入力→処理→出力の繰り返しでプログラムは作られており、最終的にはプログラムの1行の中にそれぞれ入力、処理、出力があります。

前章で考えたじゃんけんのプログラムをここでも考えてみましょう。自分がプレーヤーとなってコンピュータとじゃんけんで勝負をするプログラムです。この場合、プログラム全体の入力、処理、出力は次のようになります。

図3-1　じゃんけんプログラムの構造

この図の「処理」の1つである「プレーヤーの手を受け取る」の中も分解してみましょう。

図3-2　プレーヤーの手を受け取るプロセス

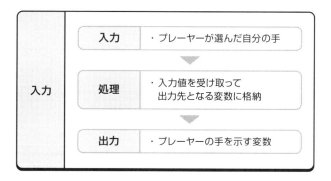

同様に、図3-1の処理の他の項目についても、詳細に見てみます。この場合、処理は3段階に分かれており、まずプレーヤーの手を受け取ったあと、次にコンピューターの手を決める処理があります。

図3-3　コンピューターの手を決める処理

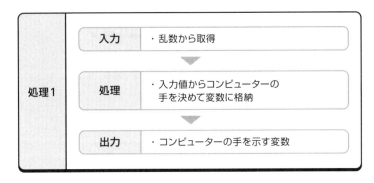

　これで、プレーヤーの手とコンピューターの手がプログラムで扱えるようになりました。これが入力となって、勝ち負けを判定する処理に進みます。

図3-4　勝ち負けを判定する処理

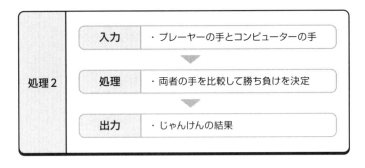

　プレーヤーの手を受け取る処理の出力と、コンピューターの手を決める処理の出力、つまりプレーヤーの手とコンピューターの手を、勝ち負けを判定する処理の入力に使っています。こうして入力を処理して出力し、その出力を入力として処理するというように連動して処理が進んでいます。
　どの部分に目を付けても、入力があり、それを処理して結果を出力するというサイクルがあり、それを何度も繰り返してプログラムが動作していることがおわかりいただけたのではないでしょうか。

タイムカード管理のプログラムで構造を確認

　じゃんけんのようなシンプルなプログラムではなく、実用的な機能を持つプログラムも見てみましょう。ここでは、タイムカードをもとに従業員の出退勤を管理するシステムで利用するプログラムを考えてみます。

　タイムカードを導入している職場の場合、会社に出勤したときと、退勤するときの2回、時刻を記録します。このプログラムでは、1カ月間の出退勤情報を集計して、勤務時間や残業時間などを計算します。このプログラムで集計した勤務時間が給与計算などに使われます。給与計算プログラムの入力になるというわけです。

　以前は紙のカードが従業員それぞれに配られ、出勤時、退勤時には専用のレコーダーにカードを入れて打刻、月末にそれを手作業で集計するといったやり方が主流でした。現在は、ICカードを使ったり、タブレットでタップしたりといった方法に変わってきています。方法はどうあれ、従業員ごとに日毎の出勤時刻、退勤時刻を管理することに変わりはありません。

　それをプログラムに実装するときに、入力と処理、出力がどうなるか、考えてみましょう。

図3-5　出退勤管理プログラムの主な入力と処理、出力

入力	・出勤時刻　・退勤時刻　・外出時刻／戻り時刻 ・有給休暇　・欠勤、など
処理	・入力の保管　・勤務時間の算出　・残業時間の算出 ・出勤日数の算出　・休暇の管理、など
出力	・勤務時間　・残業時間 ・出勤日数　・休暇日数、など

　このうち、処理の部分を詳細に見ていきましょう。この中も入力、処理、

出力に分解していこうと思います。図3-5で見た処理は、大きく
① 時刻情報を出退勤情報として記録する処理
② 記録した出退勤情報を集計する処理
の2段階に分けられます。それぞれについて、入力、処理、出力に分解してみます。まず、①の「時刻情報を出退勤情報として記録する処理」です。

図3-6　時刻情報を出退勤情報として記録する処理

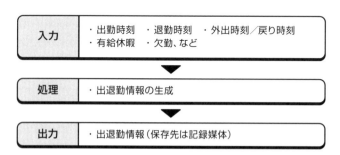

　この処理で出力した出退勤情報が②の「記録した出退勤情報を集計する処理」の入力になります。

図3-7　時刻情報を出退勤情報として記録する処理

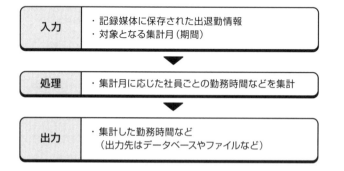

　もちろん、図3-6、図3-7の処理も、その中はより細分化された入力、処理、出力に分解することができるでしょう。

このように、処理の内容やプログラムの大きさはさまざまであっても、どのプログラムも入力、処理、出力のプロセスで構成されており、さらに、処理の中身をくわしく見れば、いくつもの入力、処理、出力で構成されています。本書ではこれをプログラムの基本構成と考え、これを前提に、プログラムの読み方を解説していきます。

プログラムの読み方

　ここからいよいよ、プログラムの読み方について具体的に見ていこうと思います。プログラムには

- 全体を把握する
- 1行ずつ読み取る

という2つの読み方があります。

　全体を把握するというのは、プログラムの目的や、プログラムを書いた人の設計や考え方を読むという読み方です。そのプログラムにはどういう機能が持たせてあって、どのように処理を進めていくのかを読んでいきます。

　1行ずつ読み取るというのは、文法的に各行を理解し、プログラム全体の中でどういう意味を持って書かれたコードなのかを読み取る読み方です。

　どちらの読みかがいい／悪いというのではなく、どちらの読み方も必要です。ただ、順番があります。必ず全体の把握が先で、それを踏まえて個々のコードの分析をするというのが正しい読み方です。

各行の読み込みは全体の把握が前提

たとえば次の1行は、あるプログラムから抜き出したものです。これだけ見せられたとして、どのように読みますか？

コード3-1　あるプログラムから抜き出した1行のコード

```
while user_choice not in choices:
```

この1行を読むだけであれば、これはwhile文だということがわかります。whileは文法としては

```
while 条件式:
    処理内容
```

という構文で記述し、「条件式が満たされる間、次の行以降の処理を実行し続ける」という動作をします。

だから先のコードからは「user_choice変数の値がchoicesから取り出した値と一致しない場合は、同じ処理を繰り返す」という動作が読み取れます。さて、それが読み取れて、何がわかったでしょうか。

では、このコードが次のプログラムに記述された1行だとしたら、読み方はどう変わるでしょうか。

コード3-2　コード3-1を含むプログラム

```
01  import random
02
03  # じゃんけんの手の選択肢
04  choices = {1: 'グー', 2: 'チョキ', 3: 'パー'}
05
06  def get_winner(user_choice, computer_choice):
07      if user_choice == computer_choice:
08          return '引き分け'
09      elif (user_choice == 1 and computer_choice == 2) or \
10          (user_choice == 2 and computer_choice == 3) or \
11              (user_choice == 3 and computer_choice == 1):
12          return 'あなたの勝ち'
13      else:
14          return 'コンピュータの勝ち'
15
16  def main():
17      print("じゃんけんをしましょう!")
18      print("選択肢: 1: グー, 2: チョキ, 3: パー")
19
20      try:
21          user_choice = int(input("あなたの手を入力してください
                        (1: グー, 2. チョキ, 3. パー). "))
22          while user_choice not in choices:
23              print("無効な選択肢です。再度入力してください。")
24              user_choice = int(input("あなたの手を入力して
                     ください (1: グー, 2: チョキ, 3: パー): "))
25      except ValueError:
26          print("無効な入力です。プログラムを終了します。")
27          return
28
```

```
29      computer_choice = random.choice(list(choices.
                                                    keys()))
30      print(f"コンピュータの手は: {choices[computer_
                                            choice]}")
31
32      result = get_winner(user_choice, computer_choice)
33      print(result)
34
35  if __name__ == "__main__":
36      main()
```

 このコードを見て、プログラムの目的が何か、何をするプログラムなのか考えてみてください。このくらいの大きさのプログラムで、このように書いてあるのであれば、どういうプログラムなのか、だいたい想像がついたのではないかと思います。そうすると

```
22          while user_choice not in choices:
```

という、コード3-1と同じコードを見たときに、その意味や位置付けが変わってくるでしょう。この1行だけだったら「user_choice変数の値がchoicesから取り出した値と一致しない場合は、同じ処理を繰り返す」ということしかわかりませんが、今度は「入力した手が1、2、3のいずれでもなかったら、同じ処理を繰り返す」と読めます。さらに言えば、「入力が不正だったら」というところで判断して、正しい入力があるまで待つという機能を提供している行という理解もできるわけです。
 このようにプログラムには、全体をとらえるように読むのと、1行ごとに読むのという2通りの読み方があります。どちらも大事な読み方です。でも、全体の中でその行がどういう意味を持っているのかというところまでわかる読み方をしたほうが、正確に読み取れます。読むときに迷ったり、悩んだりす

ることも減るので、より短い時間で読むこともできます。プログラムを開いたらいきなり1行ずつどういうコードなのかを見ていくのではなく、まずプログラム全体の理解を優先することが大事です。

全体を把握するコツ

　では、「プログラムの全体を把握する」という読み方について具体的に見ていきましょう。全体を把握するのには、①プログラムが何の目的で作られているか、②プログラムを書いた人がどのような設計をしたか、③プログラムのどこでどのような処理が行われているか、を明らかにするという目的があります。この3点がクリアになると、プログラムの細部の意味を理解しやすくなります。

　それに役立つのが、本章の最初に説明したプログラムの構成です。プログラムは全体から細部に至るまで、入力→処理→出力という3つのプロセスに分解できることを思い出してください。ここまで何度か取り上げているじゃんけんのプログラムを、全体としてとらえると

　　入力 …… プレーヤーの手
　　処理 …… 勝ち負け判定
　　出力 …… 判定結果

となります。どのようなプログラムにも入力があり、その入力を処理した結果、出力があります。読むプログラムが何であって、何が入力で、どういう処理をしていて、最終的な出力が何なのかを、じゃんけんプログラムのように見つけ出すのが最初にすることです。

　その次が、部分を読んでいく段階です。全体の処理を分解して、入力→処理→出力となっているところを探し出し、さらに細かく処理の中身を見ていって……とやることで、プログラムを書いた人が考えた設計を読み取ることができます。プログラムがどのように設計されていたのかがわかれば、プログラムのどこにどのような機能を持たせているのかがわかります。特に大きいプログラムになればなるほど、細部にわたってすべてを読み込むのは難

しくなります。流用できるコードはどこなのか。変更しなければならないのはどの部分かなど、重点的に読み込まなければならないところをより早く的確に見極めるために、どういう設計になっているのかを見つけることが「全体を把握する」ことなのです。

このように設計を意識してプログラムを読むことは、自分がプログラムを作るときにも役立ちます。全体から細部へと入力→処理→出力を考えていくのは、設計するときにも重要で、プログラムを読む力を養うことでプログラムを設計する力も身につきます。プログラムを作るスキルへのフィードバックについてはあとでもう少しご説明しようと思います。

1行ずつ読み解いていくコツ

プログラムのもう1つの読み方は1行ずつ読み解いていく方法です。プログラミング言語の文法に従って読み、それぞれの行の意味を考えながら読み進めていきます。

入力→処理→出力は、各行にもあります。Chapter2で取り上げたじゃんけんの結果を表示するプログラム（コード2-5）をもう一度見てください。

コード3-3　コード2-5で示したじゃんけんの結果を表示する関数の例（抜粋）

```
22  def show_result(hand1, hand2):
23      results = ["勝ち", "負け", "あいこ"]
24      print(results[get_result(hand1, hand2)])
```

22行目は関数の定義を宣言している行なので、処理の最初は23行目です。この行はシンプルです。

```
23      results = ["勝ち", "負け", "あいこ"]
```

この行を、入力、処理、出力に分解してみましょう

入力 …… 「勝ち」「負け」「あいこ」という文字列のリスト
処理 …… 入力されたリストを出力先の変数resultsに代入する
出力 …… 3パターンある結果のリストを格納したresults変数

です。
　次の24行目も同様に分解してみましょう。たった1行ですが、この1行で3つの処理を行っています。
　この1行全体で入力、処理、出力をとらえてみましょう。

入力 …… resultsリストのいずれかの値
処理 …… 勝負の結果を表示する
出力 …… 勝負の結果（出力先は標準出力）

と考えられます。でも、この処理を担うprint()関数の引数部分は、さらに分解できます。引数だけを取り出してみましょう。

```
results[get_result(hand1, hand2)]
```

これを入力と処理、出力に分解するとこうなります。

入力 …… get_result()関数の戻り値
処理 …… インデックスが入力値に相当するresultsリストの値を返す
出力 …… resultsリストのいずれかの値

　ということは、get_result()関数がどういう入力、処理、出力になっているかも、見ておかないとこの行の動作がわかりません。同じように分解してみましょう。

入力 …… 変数hand1（第1引数）と変数hand2（第2引数）
処理 …… get_result()関数の定義に従った処理
出力 …… get_result()関数の戻り値

となります。これでいよいよget_result()関数のコードを読んでみないと、24行目がどういう出力をするのかまではわからないことが明らかになってしまいました。でもここまで解明できれば、get_result()関数がどういう機能を持った関数かは想像できます。そのイメージができてからget_result()関数のコードを見に行けば、ただ前から順に読みながら1行ずつ読んでいくよりも読みやすく、プログラムへの理解が進むということがわかるのではないかと思います。

Chapter 4

プログラム全体を把握する

前章でプログラムの読み方には、①プログラムの全体を把握する、②プログラムを1行ずつ読み解く、の2通りの方法があり、まず全体、それから各行を読んでいくという順番で読み進めなくてはいけないとご説明しました。全体の把握が正しくできてこそ、各行の意味が正しく読み取れるようになるからです。このため、最初にプログラム全体をいかに早く正確に読み取るかが重要です。本章では、プログラム全体を把握するコツをご紹介します。

　プログラムを書いた人が、プログラムの入力や出力、処理をどのように設計したか。その中の処理をどのような入力、出力、処理に分解したか。こういった設計を読み取ることが「プログラムの全体を把握する」ことです。

　全体を把握するには、2つのステップがあり、それぞれにポイントがあります。1つはプログラムを読む前にすること。それともう1つは、プログラムを読むときに気を付けること、です。具体的に何がポイントなのかくわしく見ていきましょう。まずは、プログラムを読む前にすることです。

プログラムを読む前にすること

　「プログラムを読む」といっても、いきなり読むのではなく、その前にすることがあります。いわば読む前の準備を整えておくということになります。

　やっておきたいのは次の4項目です。

- ドキュメントを探す
- プログラムを書いた人に聞く
- コードを実行してみる
- プログラムの目的に合わせて、実装つまり入力、出力、処理を想像する

　状況によって、やっておけることもあればできないこともあるでしょう。すべてがそろわないとならないわけでもありません。実際には「できる範囲

で」となってしまいますが、できることはやっておくと全体を把握するスピードが格段に上がります。1つずつ、詳細に説明します。

 ## ドキュメントを探す

　プログラムに関するドキュメントを用意できると、プログラムを読む前にあらかじめその内容を把握しておくことができます。これがプログラムを読むときの理解に役立つのは容易に想像できると思います。
　私が経験したところだと、システム開発のプロジェクトでは

❶ 外部仕様書
❷ 詳細設計書
❸ テスト仕様書
❹ プログラム修正票
❺ 不具合報告書

といったドキュメントを作ることになっていました。こうした設計にかかわるドキュメントのほかに、不具合があったときにどのように修正したかといった履歴を記録するドキュメントも求められました。
　ということは、そうした決まりのもとで作られたプログラムには、こうしたドキュメントがあるはずです。まずは、こうしたドキュメントがそろっているか、ないとしても探したら見つからないか、やってみましょう。特に重要なのは、外部仕様書と詳細仕様書です。
　この2つのドキュメントからは、それぞれ次のようなことがわかります。
　外部仕様書には、主にシステムの外部とのやり取りがまとめられています。たとえば、システムの利用者に対して、どのような入力画面を提供するか、どういう項目の入力をしてもらうか、入力するときのデバイスや方法は何かなどです。既存のシステムやWeb上のシステムなど、他のシステムと通信する場合は通信方法や通信内容などについて、外部仕様書により決められています。
　外部仕様書を読むことにより、プログラムの入力、処理、出力のうち、入力

と出力を効率良く正確に把握することができます。何が入力で、どういう出力かがわかっていれば、実際のコードの中でどこがそれに当たるのか、見当が付けやすくなります。

　一方、詳細設計書には、主にプログラムの処理の部分が書かれています。プログラムをどのように設計したか、どのようなモジュールで構成されるか、どのようなクラスを作るか、クラスの相関がどのようになっているかなど、プログラムに求められる機能をどのように実装するかについて事前に検討した結果を整理したものが詳細設計書です。

　詳細設計書を読むことで、プログラム内の入力、処理、出力の構造がより具体的に把握できるほか、入力や出力がどの変数で扱われて処理されているかなどの情報を読み取ることができます。

　ドキュメントの作成がルール化されているプロジェクトによるプログラムでなくても、ドキュメントが読める場合もあります。たとえば、インターネット上で公開されているプログラムの場合、作者がプログラムについて説明したドキュメントも公開していることがあります。外部仕様書や詳細設計書のように詳細ではないかもしれませんが、作成者自身が残しているドキュメントという点では貴重です。また、生成AIにプログラムの基本部分を作ってもらうといったようなケースでは、AIに設計書を作成させることができる場合もあります。

　どのような経緯や意図で作成されたドキュメントであれば、それを読むことによりプログラム全体の把握に役立てることができます。

　ドキュメントを読むときには、プログラムを書いた人の「考えたこと」と「設計」が重要です。これが明らかになるとプログラム全体の把握がはかどります。ドキュメントを読む目的は、そのためのヒントになる情報を引き出すこととも言えます。

 外部仕様書を読む

　では、具体的にどこに目を付ければいいのか。実際のドキュメントを見ながら考えてみましょう。

　次のドキュメントは、前章でも少し触れたタイムカードの管理システムの

外部仕様書の目次です。外部仕様書の一例として見てください。この中で、どこを重点的に読んだらいいと思いますか？

1. はじめに
    1.1 文書の目的
    1.2 背景
    1.3 読者対象
    1.4 用語の定義

2. システム概要
    2.1 システムの目的
    2.2 システムの概要
    2.3 システムの範囲
    2.4 前提条件と制約

3. ユーザー要件
    3.1 ユーザータイプと役割
    3.2 ユーザーが求める機能
    3.3 ユーザーインターフェースの要件

4. 機能要件
    4.1 ユーザー認証機能
    4.2 打刻機能
        4.2.1 出勤打刻
        4.2.2 退勤打刻
        4.2.3 休憩開始打刻
        4.2.4 休憩終了打刻
    4.3 タイムカード表示機能
        4.3.1 日別打刻表示
        4.3.2 週別/月別集計表示
    4.4 データエクスポート機能

- 4.5 管理者機能
    - 4.5.1 ユーザー管理
    - 4.5.2 打刻修正機能
    - 4.5.3 レポート生成

5. 非機能要件
    - 5.1 パフォーマンス要件
    - 5.2 セキュリティ要件
    - 5.3 可用性要件
    - 5.4 拡張性要件
    - 5.5 保守性要件

6. インターフェース要件
    - 6.1 ユーザーインターフェース
    - 6.2 外部システムインターフェース
    - 6.3 API仕様

7. データ要件
    - 7.1 データベース設計
        - 7.1.1 テーブル定義
        - 7.1.2 データフロー
    - 7.2 データ保存とバックアップ

8. 操作フロー
    - 8.1 出勤・退勤フロー
    - 8.2 休憩フロー
    - 8.3 管理者の操作フロー

9. エラーハンドリング
    - 9.1 エラーの種類と対応
    - 9.2 ユーザー通知方法

10. システムテスト
　　10.1　テスト戦略
　　10.2　テスト項目とケース
　　10.3　テスト環境

11. 導入と移行計画
　　11.1　導入スケジュール
　　11.2　データ移行計画
　　11.3　ユーザートレーニング

12. 付録
　　12.1　用語集
　　12.2　参考文献
　　12.3　関連資料

　かなりボリュームたっぷりな内容に見えます。まして実際に手にしたドキュメントが物理的にも大きなサイズだったりすると、うんざりしてしまうかもしれないですね。でも、これを丹念に最初からすべて読み通す必要はありません。この目次を見てみると、プログラム全体の把握に必要そうなのは、「4.機能要件」や「6.インターフェース要件」です。

　「4.機能要件」は、全般に重要そうなところですが、特に「4.2 打刻機能」「4.3 タイムカード表示機能」はそれぞれの各項目とも重点的に見ておきたいところです。ここで、入力としているデータが何なのか、かなり明らかになりそうです。

　率直なところ、プログラムを読むためには機能要件のところだけを読むのでも大丈夫といえるケースが少なくありません。時間がないときや文章量があまりに膨大で、絞り込まないと読み切れないといったときは、割り切った読み方をしなければならないときがあるかもしれません。

　でも、できれば「6.インターフェース要件」の「6.1ユーザーインターフェース」はじっくり読んでおきたいところです。ここからはユーザーに何を入力させようとしているのかを知ることができます。

こうしたインターフェース要件では入力と出力を具体的に把握することが期待できそうです。これはデータ要件のような項目のところでも同様です。また、操作フローに関する項目を見ておけば、処理を読み解くときの情報が得られるでしょう。

あとは、時間的な余裕に応じて、この外部仕様書で言えば「2.システム概要」の項目である「システムの目的」も読んでおくと、システム全体の目的、目指すところを把握することができます。ただ、この目的は大まかなくくりのものなので、理解を深めておくに超したことはないのですが、プログラムを読み解くために必須というわけではありません。一方、少しでも多くの情報をドキュメントから引き出したいというのならば、目を通しておくとよいでしょう。

あとはドキュメントごとに必要そうと思えるところに目を通すようにします。このドキュメントでいえば、「2.システム概要」や「8.操作フロー」といったあたりに、全体の把握についてのヒントがありそうです。

詳細設計書を読む

詳細設計書の一例も見ておきたいですね。あくまで一例ですが、ここで取り上げるのは、タイムカードの管理システムのユーザー認証部の詳細設計書です。タイムカードはユーザー（この場合は従業員）ごとに管理するため、ユーザー認証は単にセキュリティという意味だけでなく、ユーザーを特定してデータを管理するために重要です。この目次について、どのあたりを重点的に読めばよさそうか、見当を付けながら見てください。

1. はじめに
    1.1 文書の目的
    1.2 対象読者
    1.3 前提条件と背景
    1.4 用語の定義

2. システムアーキテクチャ
    2.1 認証システムの全体構成図
    2.2 認証フローの概要
    2.3 認証関連コンポーネントの概要
    2.4 認証プロセスのデータフロー
    2.5 外部システムとの連携ポイント

3. モジュール設計
    3.1 認証モジュールの一覧
    3.2 モジュール間の依存関係
    3.3 ログインモジュール設計
        3.3.1 ログイン処理の詳細
        3.3.2 入力バリデーション
        3.3.3 認証結果の返却
    3.4 ログアウトモジュール設計
        3.4.1 セッションの無効化
        3.4.2 ログアウト処理フロー
    3.5 パスワード管理モジュール設計
        3.5.1 パスワード変更処理
        3.5.2 パスワードリセット処理
        3.5.3 パスワード暗号化

4. データベース設計
    4.1 ユーザーテーブル設計
    4.2 認証トークンテーブル設計
    4.3 ログイン履歴テーブル設計
    4.4 パスワードリセットリクエストテーブル設計

5. インターフェース設計
    5.1 API設計
    5.2 UIとの連携インターフェース
    5.3 外部システムとのインターフェース

- 6. エラーハンドリング設計
    - 6.1 認証エラーの種類
    - 6.2 エラーメッセージの定義と表示ルール
    - 6.3 ログ出力とエラーログの管理
- 7. セキュリティ設計
    - 7.1 パスワードの保護と暗号化方式
    - 7.2 認証トークンのセキュリティ対策
    - 7.3 セッション管理とタイムアウト設定
    - 7.4 不正アクセスの検出と対策
    - 7.5 二要素認証（2FA）の実装と管理

- 8. テスト計画
    - 8.1 ユニットテスト設計
    - 8.2 結合テスト設計
    - 8.3 セキュリティテスト設計

　詳細設計書もシステムの規模によってはかなりボリュームのあるドキュメントになります。

　本書ではバージョンアップなど、何らかの形でプログラムに手を入れることを前提にプログラムを読もうとしています。そのための準備としてドキュメントを見ておこうというわけです。この詳細設計書はシステムの認証部についての設計書ですから、「2.システムアーキテクチャ」は最初に読んでおきたいパートです。ここで全体像を把握できます。

　次に「3.モジュール設計」で、認証機能がどのように設計されているかを読み取ります。

　続く「4.データベース設計」で認証機能が取り扱うデータについて読み取り、「5.インターフェース設計」でユーザーインターフェース部の構造を把握します。いずれのパートを読むときでも、プログラムを書いた人がどのように考えて、どのように個々のプログラムを設計したのかをイメージできるような情報を読み取ることに努めます。

プログラムを書いた人に聞く

　プログラムを書いた人が近くにいる場合、あるいは連絡を取れる場合、その人にプログラムについて聞くことも、全体の把握を早めるには有効です。

　以前、私が所属していた開発チームに、他のチームからよく頼られるベテランプログラマー（Aさんとしましょう）がいました。長く開発現場にいた人だったので、関わったシステムも多数に上り、多くのプログラムを書かれていました。

　過去に関わったシステムでトラブルがあった場合や、バージョンアップをする場合に、その時点での開発担当者がAさんのところに来て、Aさんが携わったプログラムについて直接聞きにきていたのをちょくちょく見掛けました。このように本人に直接聞くことができるなら、かなりの情報を引き出すことが期待できます。ドキュメントには書かれていないことも教えてもらえるかもしれません。

　では、本人をつかまえることができたとして、どんなことを聞けばいいでしょうか。そうした人は他からも頼られる存在でしょうし、今も開発の中心にいる場合もあるでしょう。ほとんどの場合は多忙のまっただ中にいるでしょうから、できるだけ短時間ですむような聞き方をしましょう。

　ドキュメントがある場合は、ドキュメントを読むのが先。人に聞くのは後です。ドキュメントを読めばわかることを本人に聞くようなことは避けたいものです。

　プログラムの細かいところに焦点を当てて質問するのもあまり勧められません。開発が終了してから時間が経つほど、細かいところは忘れていくもの。必要なのはプログラム全体を把握するために必要なことです。細かいところまで踏み込むのは割り切ってあきらめなければならない場面もあります。また、聞いたことは必ずメモを取って残しておくこと。同じことを後で聞き直さないようにしましょう。こうした点を守れないと、せっかくの貴重な人材から話を聞くことが後々できなくなってしまうかもしれません。

　あらかじめドキュメントを調べ、プログラムを見たうえで、わからなかったところを質問するという聞き方に徹しましょう。自分も相手も時間を有効に使うことができます。

ただし、ドキュメントがない場合やプログラムが読みにくい場合は、一から聞くしかありません。そのときは「このプログラムはどんな目的のプログラムですか？」から聞く必要があります。自分の作ったプログラムで、後々他の人にそんなことをさせないためにも、プログラムを書くときにはドキュメントを残すことが大事とも言えます。自分がプログラムを作成する立場になったとき、読む立場が困らないようにすることは、「あの人のプログラムだとやりやすい」という評価につながるのではないでしょうか。

プログラムを実行してみる

　プログラムを実行する環境が用意できるのであれば、実行してみましょう。もちろん、プログラムの出所が怪しい場合など、セキュリティ上の不安がある場合は実行するべきではありません。でも、そうした問題がなければ実行して、動作を見てみることでわかることがたくさんあります。仮にドキュメントが用意できなかった場合でも、プログラムから直接情報を得ることができます。

　プログラムを実行したら、入力を促すプロンプトが現れたり、入力用の画面が現れたりする場合があります。そうしたら、そこで入力を求められているものがプログラムの入力として扱われるということがわかります。

　入力に対して何らかの処理がなされ、その結果が画面に表示されたなら、それがプログラムの出力です。プログラムを実行することで、入力と出力について大きなヒントを得ることができます。

　あとはさまざまな入力をしてみて、それに対してどのような出力があったかを確認します。それにより、どのような処理をしているのかが推測できます。「グー」と入力して「負け」と表示されました。あるいは「500」と「800」を入力したら「1300円」と表示されました。それぞれどういう処理をしているか想像できますね。前者だったら「じゃんけんの勝ち負けを判定する処理」、後者だったら「合計する処理」です。

　もちろん、実際に業務に使われるようなプログラムだったらここまで単純ではないでしょう。でも、入力と出力を確認できれば、大まかながら処理の全体像は想像することができます。これは、プログラムの全体像を把握する

のに大いに役立ちます。

→ プログラムの目的から実装をイメージする

　プログラムの目的がわかっている場合は、その目的から入力と出力を想像することができます。それが処理を類推するもとになります。ドキュメントの有無や、プログラムを実行できるかどうかにかかわらず、目的から入力と出力、その処理の仮説を立てることができます。いったんプログラムの構成をイメージすることで、どこをどのように読めばいいかをあらかじめ考えておくことができます。仮に自分のイメージが実装と離れていても、何も材料がないまま読むよりも効率がよくなります。

　たとえばじゃんけんをコンピューター上で実現するという目的のプログラムだったら、ユーザーが選んだ「自分の手」を入力として、「勝ち負けの判定」処理をして、「勝ち負けの結果」を出力するプログラムなのではないかと想像できます。だから、ユーザーの手を選ぶところはどこかという目線で入力がどこかを探せるし、同様に手を比較しているところ、判定しているところとその結果の表示を探すことで、処理、出力を探していけます。

　自動販売機に内蔵するプログラムだったら、「お金と注文」が入力になり、「注文された商品を選び、受け取ったお金からお釣りを計算する」処理をして、「注文された商品とお釣り」を出力するというイメージを作れます。

　タイムカードの管理システムだったら、「出退勤時間や休みなどの情報」を入力として、「毎日の入力された情報の記録」と「月次での勤務時間や休み日数の計算」処理をして、「勤務時間や休み日数などの情報」を出力するのではないかと考えることができます。

　プログラムには目的があり、その目的を実現するために、入力を出力に変えるのがプログラムです。何をするプログラムか、プログラムの目的がわかると、入力や出力を想像することができ、入力を出力に変えるための処理も想像することができます。ドキュメントがないときやプログラムを実行できないときはこうしたイメージが糸口となります。ドキュメントが読めて、プログラムを試せるときでも、こういうプログラムなのではないかという仮説があることで全体の把握を効率的に進められるようになります。

プログラムを読むときにすること

　プログラムを読む前にすることをひと言でまとめると、できるだけ情報を集めることになると考えてもいいでしょう。集めた情報で、そのプログラムが何をするのか、入力、出力はどのようになっているか、処理がどのように行われるかを具体的に想定できるようになりました。

　それを確認するために、実際のプログラムを読んでいく段階に入ります。残念ながら、事前にまったく情報を集められないこともあり得ます。そのときは覚悟を決めてプログラムを読むことに取りかかるしかありません。

　プログラムを読むときには、読む順序があります。これは、本書でここまで何度も繰り返しているとおり、プログラム全体の入力、処理、出力を把握し、さらに各処理を入力、処理、出力に分解していくという作業をするためのコツそのものです。

　どの順で読んでいくかというと、

❶ メイン部を読む
❷ データ構造を読む
❸ 部分、部分を読み解いていく

となります。本章では、この中で全体を把握するのに重要な❶と❷について、どのように見ていくのかというポイントと読むフローについてご説明します。❸の個々のコードから何をどのように読み取るのかは、次章以降で重点的に紹介します。では、まず❶のメイン部を読むところからやってみます。

❶ メイン部を読む

　プログラム全体を入力、処理、出力の3プロセスで考えたとき、一番大きな処理が書かれているのがメイン部になります。ここを読むことで全体を把握し、次に読むところの目星を付けることができます。

　プログラムを読む前の準備によりすでにプログラム全体のイメージができている場合は、メイン部を読むことでその答え合わせをします。考えた通りの処理になっていることもあれば、そうでない場合もあるでしょう。いずれにしても事前に想像しておくことにより、想像と同じ部分、異なる部分を見つけることができ、その発見が理解を早めます。

　そこで問題になるのが「メイン部はどこか」です。プログラミング言語により、メイン部が書かれている場所は異なります。

　Pythonのプログラムで探してみましょう。Pythonでは先に記述したコードから順に実行されます。メイン部にあたるのはインデントされていない行で、def文およびimport文を除いた行です。

　例としてタイムカードを打刻するプログラムを見てみましょう。そのとき、どこがメイン部なのかを意識しながら、コードを追ってください。

コード4-1　タイムカードの管理プログラムの例

```python
import datetime
import json


# ユーザーデータの読み込み
def load_users():
    try:
        with open('users.json', 'r') as f:
            return json.load(f)
    except FileNotFoundError:
        return {}
```

```python
# ユーザーデータの保存
def save_users(users):
    with open('users.json', 'w') as f:
        json.dump(users, f)


# ユーザー認証
def authenticate(users):
    user_id = input("ユーザーIDを入力してください: ")
    password = input("パスワードを入力してください: ")
    if user_id in users and users[user_id]['password'] == password:
        print(f"ようこそ、{user_id}さん")
        return user_id
    else:
        print("認証に失敗しました。")
        return None


# 打刻機能
def punch_clock(users, user_id, punch_type):
    now = datetime.datetime.now()
    if user_id not in users:
        users[user_id] = {'password': '', 'punches': []}
    users[user_id]['punches'].append({'type': punch_type, 'time': now.isoformat()})
    print(f"{punch_type}打刻: {now}")
    save_users(users)

```

```python
# 勤務時間の表示
def display_times(users, user_id):
    if user_id not in users or not users[user_id]['punches']:
        print("打刻データがありません。")
        return
    for punch in users[user_id]['punches']:
        print(f"{punch['type']} - {punch['time']}")


# メイン処理
users = load_users()
user_id = authenticate(users)
if user_id:
    while True:
        print("\n1. 出勤打刻\n2. 退勤打刻\n3. 休憩開始打刻\n4. 休憩終了打刻\n5. 勤務時間表示\n6. 終了")
        choice = input("選択肢を入力してください: ")


        if choice == '1':
            punch_clock(users, user_id, '出勤')
        elif choice == '2':
            punch_clock(users, user_id, '退勤')
        elif choice == '3':
            punch_clock(users, user_id, '休憩開始')
        elif choice == '4':
            punch_clock(users, user_id, '休憩終了')
        elif choice == '5':
            display_times(users, user_id)
        elif choice == '6':
            break
```

```
72          else:
73              print("無効な選択です。")
```

このプログラムならばどこがメイン部なのか、わかりやすいですね。コメントとして

```
# メイン処理
```

と書いてある51行目を見つけられれば、次の52行目から最後までがメイン部であることがわかります。
　このプログラムの場合、メイン部では

❶ ユーザーの読み込み
❷ ユーザー認証
❸ ユーザーが指定した項目で打刻

という処理が行われています。
　Pythonではこうしたメイン部をmain()関数として記述することが推奨されています。コード4-1をそれに従って書き換えると次のようになります。

コード4-2　コード4-1でmain関数を使った場合の記述（51行目以降）

```
51  # メインプログラム
52  def main():
53      users = load_users()
54      user_id = authenticate(users)
55      if not user_id:
56          return
57
```

```
58
59      while True:
60          print("\n1. 出勤打刻\n2. 退勤打刻\n3. 休憩開始打刻\
                    n4. 休憩終了打刻\n5. 勤務時間表示\n6. 終了")
61          choice = input("選択肢を入力してください: ")
62
63
64          if choice == '1':
65              punch_clock(users, user_id, '出勤')
66          elif choice == '2':
67              punch_clock(users, user_id, '退勤')
68          elif choice == '3':
69              punch_clock(users, user_id, '休憩開始')
70          elif choice == '4':
71              punch_clock(users, user_id, '休憩終了')
72          elif choice == '5':
73              display_times(users, user_id)
74          elif choice == '6':
75              break
76          else:
77              print("無効な選択です。")
78
79
80  if __name__ == "__main__":
81      main()
```

　この場合、実行されるのは80行目のif文で、その中でmain()関数が呼び出されて実行されます。このため、main()関数に書かれている処理を見ると、メイン部がわかるというわけです。

　本書では主にPythonプログラムを取り上げて読み方を見ていきますが、他のプログラミング言語も見ておきましょう。ここではC言語を例にします。

C言語のメイン部は必ずmain()関数に記述することになっています。コード4-1と同じ処理をするプログラムをC言語で書いてみました。C言語はわからないという人もmain()関数はどこだろうかと考えながら読んでみてください。main()関数に記述したのは、コード4-1と同じ処理です。

コード4-3　C言語で書いたタイムカードの打刻プログラムの例

```
01  #include <stdio.h>
02  #include <stdlib.h>
03  #include <string.h>
04  #include <time.h>
05
06
07  #define MAX_USERS 100
08  #define MAX_PUNCHES 100
09
10
11  typedef struct {
12      char type[20];
13      char time[30];
14  } Punch;
15
16
17  typedef struct {
18      char user_id[20];
19      char password[20];
20      Punch punches[MAX_PUNCHES];
21      int punch_count;
22  } User;
23
24
25  User users[MAX_USERS];
```

```c
int user_count = 0;


void load_users() {
    FILE *file = fopen("users.dat", "rb");
    if (file != NULL) {
        fread(&user_count, sizeof(int), 1, file);

        fread(users, sizeof(User), user_count, file);

        fclose(file);
    }
}


void save_users() {
    FILE *file = fopen("users.dat", "wb");

    if (file != NULL) {
        fwrite(&user_count, sizeof(int), 1, file);

        fwrite(users, sizeof(User), user_count, file);

        fclose(file);
    }
}


User* authenticate() {
    char user_id[20];
    char password[20];
    printf("ユーザーIDを入力してください: ");
```

```
53      scanf("%s", user_id);
54      printf("パスワードを入力してください: ");
55      scanf("%s", password);
56
57
58      for (int i = 0; i < user_count; i++) {
59          if (strcmp(users[i].user_id, user_id) == 0 &&
                  strcmp(users[i].password, password) == 0) {
60              printf("ようこそ、%sさん\n", user_id);
61              return &users[i];
62          }
63      }
64
65
66      printf("認証に失敗しました。\n");
67      return NULL;
68  }
69
70
71  void punch_clock(User *user, const char *punch_type) {
72      time_t now = time(NULL);
73      struct tm *t = localtime(&now);
74      strftime(user->punches[user->punch_count].time,
    sizeof(user->punches[user->punch_count].time), "%Y-%m-%d
                                            %H:%M:%S", t);
75      strcpy(user->punches[user->punch_count].type, punch_
                                                    type);
76      user->punch_count++;
77      printf("%s打刻: %s\n", punch_type, user-
```

```c
                              >punches[user->punch_count - 1].time);
    save_users();
}


void display_times(User *user) {
    if (user->punch_count == 0) {
        printf("打刻データがありません。\n");
        return;
    }
    for (int i = 0; i < user->punch_count; i++) {

        printf("%s - %s\n", user->punches[i].type, user-
                              >punches[i].time);
    }
}


int main() {
    load_users();
    User *user = authenticate();
    if (user == NULL) {
        return 1;
    }


    while (1) {
        int choice;
        printf("\n1. 出勤打刻\n2. 退勤打刻\n3. 休憩開始打刻\
                n4. 休憩終了打刻\n5. 勤務時間表示\n6. 終了\n");
        printf("選択肢を入力してください: ");
        scanf("%d", &choice);
```

```
        switch (choice) {
            case 1:
                punch_clock(user, "出勤");
                break;
            case 2:
                punch_clock(user, "退勤");
                break;
            case 3:
                punch_clock(user, "休憩開始");
                break;
            case 4:
                punch_clock(user, "休憩終了");
                break;
            case 5:
                display_times(user);
                break;
            case 6:
                return 0;
            default:
                printf("無効な選択です。\n");
                break;
        }
    }


    return 0;
}
```

もう1つだけ、VBAの場合も見ていただきましょう。VBAのメイン部は、実

行ボタンに対応させた関数に書かれます。次のコード4-4は、Button1というボタンを押したときに実行されるタイムカードの打刻プログラムです。

このコードではButton1_Click()関数がボタンに対応付けられており、この関数にメイン部が書かれています。書かれている処理は、PythonやC言語と同様です。

コード4-4　VBAで作成したタイムカードの打刻プログラムの例

```
01  Private Sub Button1_Click()
02      Dim userID As String
03      Dim password As String
04      Dim punchType As String
05
06      ' ユーザー認証
07      userID = InputBox("ユーザーIDを入力してください:")
08      password = InputBox("パスワードを入力してください:")
09
10      If Not Authenticate(userID, password) Then
11          MsgBox "認証に失敗しました。"
12          Exit Sub
13      End If
14
15      ' 打刻タイプの選択
16      punchType = InputBox("打刻タイプを入力してください:
                            (出勤, 退勤, 休憩開始, 休憩終了)")
17
18      ' 打刻処理
19      PunchClock userID, punchType
20
21      MsgBox punchType & "打刻が完了しました。"
22  End Sub
23
```

```vb
Function Authenticate(userID As String, password As String) As Boolean
    Dim ws As Worksheet
    Dim found As Range
    
    Set ws = ThisWorkbook.Sheets("Users")
    Set found = ws.Columns("A").Find(What:=userID, LookIn:=xlValues, LookAt:=xlWhole)
    
    If Not found Is Nothing Then
        If ws.Cells(found.Row, 2).Value = password Then
            MsgBox "ようこそ、" & userID & "さん"
            Authenticate = True
        Else
            MsgBox "パスワードが間違っています。"
            Authenticate = False
        End If
    Else
        MsgBox "ユーザーIDが見つかりません。"
        Authenticate = False
    End If
End Function


Sub PunchClock(userID As String, punchType As String)
    Dim ws As Worksheet
    Dim currentTime As String
    Dim lastRow As Long
    
    Set ws = ThisWorkbook.Sheets("Users")
    currentTime = Format(Now, "yyyy-mm-dd hh:mm:ss")
```

```
54
55      ' データの記録
56      lastRow = ws.Cells(ws.Rows.Count, "A").End(xlUp).
                                                    Row + 1
57      ws.Cells(lastRow, 1).Value = userID
58      ws.Cells(lastRow, 3).Value = punchType
59      ws.Cells(lastRow, 4).Value = currentTime
60   End Sub
```

このように、言語ごとの勘所がわかっているとメイン部を探すのが容易になることがあります。とはいえ、そうした勘所が通用しないこともあり、そのときは丹念にコードを追っていくほかありません。それでも、メイン部はどこかという目線があるかないかで、プログラムの見方が変わり、全体の把握のスピードアップにつながります。

メイン部の処理を分解する

メイン部を特定できたところで、その処理を分解し、より詳細に見ていく準備をしましょう。

プログラム全体の入力、処理、出力が書かれているのがメイン部です。本章で取り上げたタイムカードの打刻プログラムでは、入力と出力が

入力 …… ユーザーID、パスワード、打刻種別
出力 …… ログインしたユーザーの打刻種別、記録した打刻日時

となっています[*1]。

この入力から出力を得るのが処理です。この処理を分解してみると、複数の処理で構成されていることがわかります。コード4-2のmain()関数を

[*1] 本章では前述の通り、コードの中からどうやってこれを読み取るのかについては説明しません。ここではこのように読み取ったものとして、その次の段階に進んでください。

見てください。

コード4-5　タイムカードの打刻プログラムのmain()関数（コード4-2より抜粋）

```
52  def main():
53      users = load_users()
54      user_id = authenticate(users)
55      if not user_id:
56          return
57
58
59      while True:
60          print("\n1. 出勤打刻\n2. 退勤打刻\n3. 休憩開始打刻\
                    n4. 休憩終了打刻\n5. 勤務時間表示\n6. 終了")
61          choice = input("選択肢を入力してください: ")
62
63
64          if choice == '1':
65              punch_clock(users, user_id, '出勤')
66          elif choice == '2':
67              punch_clock(users, user_id, '退勤')
68          elif choice == '3':
69              punch_clock(users, user_id, '休憩開始')
70          elif choice == '4':
71              punch_clock(users, user_id, '休憩終了')
72          elif choice == '5':
73              display_times(users, user_id)
74          elif choice == '6':
75              break
76          else:
77              print("無効な選択です。")
```

main()関数の処理は大きく、

❶ ユーザー認証
❷ 打刻種別の取得
❸ 打刻情報の記録

の3つに分解できます。このメイン部のそれぞれの処理も、さらに分解していきましょう。❶のユーザー認証に注目すると、次の

❶-1　ユーザー情報の読み込み（load_users()関数）
❶-2　認証（authenticate()関数）

に分けることができます。メイン部というひとまとまりを、ここまで分解できました。
　ここでは認証処理を見てみようと思います。この処理ではauthenticate()関数を呼び出しています。そこで、この関数の記述を見てみます。

コード4-6　authenticate()関数の記述（コード4-1から抜粋）

```
21  def authenticate(users):
22      user_id = input("ユーザーIDを入力してください: ")
23      password = input("パスワードを入力してください: ")
24      if user_id in users and users[user_id]['password']
                                              == password:
25          print(f"ようこそ、{user_id}さん")
26          return user_id
27      else:
28          print("認証に失敗しました。")
29          return None
```

authenticate()関数のコードを見ることで、認証処理はさらに

- ❶-2-1　ユーザーIDの入力（22行目）
- ❶-2-2　パスワードの入力（23行目）
- ❶-2-3　ユーザーIDとパスワードの照合（24行目）
- ❶-2-4　認証結果の表示とリターン（25〜29行目）

という4つの処理に分解することができました。これでかなり細部まで分けることができたのではないでしょうか。このように、メイン部の処理を把握することで、その処理を細分化することができます。それにより、プログラム全体の中で、どういう機能がどこに書かれていて、どういう順番で並んでいるかを把握していくことができます。

　ここではあくまで全体の把握を念頭に分解してきましたが、これは後のステップで1行ずつ読み込んでいくときのための準備でもあります。この段階でいきなり細かいところまで突き詰めていくのではなく、入力、処理、出力がどうなっているかという視点でプログラム全体を見渡し、処理の中にある入力、処理、出力を探し出し、見つけた処理をさらに……という風に分解していくことで、細かいところまで読み進めていけるのだということをわかっていただきたいと思います。

 ❷ データ構造を読む

　メイン部の分析によりプログラム全体が把握できると、プログラム全体の入力と出力がわかります。標準入力やファイル入力、標準出力やデータベースへの出力などが、入力や出力として考えられます。

　処理を追いながらプログラムの全体を理解しようとする目線と同じように、入力から出力までの間、どのようにデータが受け渡されていくかを見るという目線もプログラムの理解に役立ちます。入力も出力も、多くのプログラムでは変数として保持されます。プログラムが得た入力を変数に格納し、変数という形でさまざまな処理へと受け渡され、出力に使うことを想定した変数に格納され、プログラム自体の出力になるというわけです。このため、

プログラムにはどういう変数が用意されていて、どこの処理でどのように使われているかを明らかにするのも、プログラムの把握には重要です。

タイムカードの打刻プログラムの場合、メイン部は

❶ ユーザー認証
❷ 打刻種別の取得
❸ 打刻情報の記録

という処理で構成されていました。もう一度、コードで確認しておきましょう。

コード4-7　タイムカードの打刻プログラムのmain()関数（コード4-5の再掲）

```
52  def main():
53      users = load_users()
54      user_id = authenticate(users)
55      if not user_id:
56          return
57
58
59      while True:
60          print("\n1. 出勤打刻\n2. 退勤打刻\n3. 休憩開始打刻\
                    n4. 休憩終了打刻\n5. 勤務時間表示\n6. 終了")
61          choice = input("選択肢を入力してください: ")
62
63
64          if choice == '1':
65              punch_clock(users, user_id, '出勤')
66          elif choice == '2':
67              punch_clock(users, user_id, '退勤')
68          elif choice == '3':
69              punch_clock(users, user_id, '休憩開始')
```

```
70          elif choice == '4':
71              punch_clock(users, user_id, '休憩終了')
72          elif choice == '5':
73              display_times(users, user_id)
74          elif choice == '6':
75              break
76          else:
77              print("無効な選択です。")
```

　ユーザー認証処理の入力は「登録済みのユーザー情報」と「標準入力されたユーザーIDとパスワード」で、出力は「認証結果」です。ユーザー認証はload_users()関数（53行目）およびauthenticate()関数（54行目）で実行されています。

　54行目では、authenticate()関数による認証結果を、user_idという変数に出力しています。実際には、認証が成功した（正しいユーザーIDとパスワードが入力された）場合はユーザーIDがそのまま格納され、認証が失敗した場合はNoneという値が格納されます（コード4-6）。

　このようにプログラム内では、入力や出力に変数が使用されることが多く、それぞれの変数にどのような値が格納されているか、どのような値が入力値として使われ、どのような値が出力されているかを読み解くことができると、プログラムを読み解くスピードが上がります。

　プログラムを読むときは、

❶ メイン部を読む
❷ データ構造を読む
❸ 部分、部分を読み解いていく

という順番で読み進めていくと説明しました。❶のメイン部を読むのは何よりも優先です。その上で、❷のデータ構造を読む作業と、❸メイン部の処理からスタートして部分、部分を読み解いていく作業は、必要に応じて並行するように進めていくことになります。いきなり1行ずつコードを読むのではな

く、メイン部から読む。そして処理ばかり追うのではなく、データの流れや受け渡しのことも意識しながら読んでいくことで、読むスピードと正確さが格段に上がるはずです。

Chapter 5

効率良く1行ずつ読んでいくコツ

プログラム全体を把握することにより、そのプログラムがどういう処理をしているのかがわかります。今後はその処理を分解していくことで、より詳細な動作がわかってきます。大きくプログラムをとらえるときも、プログラムの細部を読み解くときも、着目している処理の中に入力、処理、出力を見つけるという読み方を繰り返していくことに変わりありません。

　処理の分解を繰り返していると、いずれ1行ずつ読み込む段階にたどり着きます。もちろん、各行を1行ずつ読むときにもその行に入力、処理、出力があるという目線が必要です。そこまで読み取れることができれば、読んでいるプログラムを修正するといったときに、どこをどのように変更すればいいかを容易にわかるようになるはずです。

　「1行ずつ読むときも入力、処理、出力がどうなっているかを見ていく」というのが基本的な姿勢なのは間違いないのですが、そういう目線を持つだけでは読むことはできません。どうしてもプログラミング言語の文法の知識が必要になります。これは単に文法書をひと通りマスターしたというレベルのことではありません。他人の書いたプログラムを読み解いていくのに必要な文法の知識です。といっても、本書では文法そのものの解説をするつもりはありません。あくまでプログラムからプログラマーの意図を読み取るときの文法知識の使い方です。

　本章では、文法の知識をどのように「読む」ときに活用するかについて、次のような観点から解説しようと思います。

- 1行から入力と出力を読み取る
- 変数を読む
- 繰り返し文を読む
- 関数を読む
- クラスを読む

　これは、私が講師を務めるプログラミング教室で受講者から質問を受けることの多いところでもあります。恐らく皆さんの中にも同じところを疑問に思っている人が多いのではないかと思います。

1行から入力と出力を読み取る

　プログラムの各行は、制御文と実行文に分かれます。宣言文やコメントなどの行もありますが、ここでは省略します。

　制御文は、プログラムの流れを制御するために書かれる行です。たとえば、if文によって次に実行する処理を制御したり、while文やfor文でプログラムを繰り返し実行する回数を制御したりといったことを目的としています。制御が目的で書かれているので制御文です。

　制御文は制御するための行のため、基本的に「処理」はありません。制御文と実行文を見分けることができると1行ずつ読み取っていくのがはかどります。プログラムの流れを把握するのに役立つからです。

　Chapter4で取り上げたタイムカードの打刻プログラムにも制御文が使われています。

コード5-1　タイムカードの打刻プログラムを制御文に着目して読む（コード4-1よりメイン部を抜粋）

```
51  # メイン処理
52  users = load_users()
53  user_id = authenticate(users)
54  if user_id:
55      while True:
56          print("\n1. 出勤打刻\n2. 退勤打刻\n3. 休憩開始打刻\
                    n4. 休憩終了打刻\n5. 勤務時間表示\n6．終了")
57          choice = input("選択肢を入力してください: ")
58
59
60          if choice == '1':
```

```
61                punch_clock(users, user_id, '出勤')
62            elif choice == '2':
63                punch_clock(users, user_id, '退勤')
64            elif choice == '3':
65                punch_clock(users, user_id, '休憩開始')
66            elif choice == '4':
67                punch_clock(users, user_id, '休憩終了')
68            elif choice == '5':
69                display_times(users, user_id)
70            elif choice == '6':
71                break
72            else:
73                print("無効な選択です。")
```

　この中では、while文が1カ所、if文は2カ所、if文に伴うelif文やelse文も計6カ所出てきます。Pythonでは文末にコロン（:）がある行は制御文になります。こうした行には入力、処理、出力はありません。ですが、次の行以降に制御に伴う実行文が必ず出てきます。そのサインと受け止めることもできるでしょう。

実行文から入力、処理、出力を探す

　一方の実行文には入力、処理、出力があります。制御文でプログラムの流れを確認しながら実行文が出てきたら、その入力と出力を探して、処理を読み取るという読み方が行ごとにできます。
　たとえば、コード5-1で言えば56行目の

```
print("\n1. 出勤打刻\n2. 退勤打刻\n3. 休憩開始打刻\n4. 休憩終了打
刻\n5. 勤務時間表示\n6. 終了")
```

から、入力、処理、出力に分解してみましょう。この行ならば

入力 …… "\n1. 出勤打刻\n2. 退勤打刻\n3. 休憩開始打刻\n4. 休憩終了
打刻\n5. 勤務時間表示\n6. 終了"という文字列
処理 …… 入力された文字列を標準出力に表示する
出力 …… 出力先は標準出力で、出力する内容は"\n1. 出勤打刻\n2. 退勤
打刻\n3. 休憩開始打刻\n4. 休憩終了打刻\n5. 勤務時間表示\
n6. 終了"という文字列

と読み取ることができます。プログラムの全体像が把握できていれば、
「ユーザーに提示するメニュー」を表示するという処理をしているという解釈
もできるでしょう。
　別の例として、次の57行目を見てみましょう。

```
choice = input("選択肢を入力してください: ")
```

　この行の場合は

入力 …… "選択肢を入力してください: "という文字列、および標準入力で
入力された文字列
処理 …… 入力された文字列を標準出力に表示し、標準入力で入力された
文字列を指定された変数に代入する
出力 …… 出力先はchoice変数とし、出力する内容は標準入力から取得し
た文字列

と読めます。

　いずれも、必ずしもこれと同じように読めなくてはいけないということではありません。プログラムの改修を目的としているのか、どのような動作するのかの理解を目的としているのか、など、読む目的によっても何を読み取ればいいのかは変わってきます。どういう目的で何を読み取ろうとしているかが違っても、1行のコードでも入力、処理、出力に分解できるということをわかっていただければと思います。

　ここで、この2行をまとめて読んでみましょう

```
print("\n1. 出勤打刻\n2. 退勤打刻\n3. 休憩開始打刻\n4. 休憩終了打刻\n5. 勤務時間表示\n6. 終了")
choice = input("選択肢を入力してください: ")
```

　こうして2行をひとまとまりとしてとらえると、「タイムカードを打刻するときに、どの種類の時刻で打刻するかを入力させる」ためのコードとして書かれていることがわかります。というのは

入力 …… 上の行で示した打刻種別をもとに標準入力で入力された値
出力 …… choice変数に格納された打刻種別

というように入力をもととした出力を得るコードと読むことができるためです。

　本書ではここまで、全体を把握して部分に分解し、それがやがて1行に至ると説明してきました。ここでは反対に、1行ずつの入力、処理、出力の組み合わせが、部分で実現したい入力、処理、出力になっていくということを示しました。複数の部分を合わせていくことで、やがて全体の入力、処理、出力にまとめられます。全体、部分、1行と、プログラムの中で着目するところの粒度を変えても、入力、処理、出力は見つけられます。どういう尺度でプログラムを読むときでも、その視点を忘れないでください。

変数を読む

　ほぼすべてのプログラムで変数は使われます。皆さんすでにご存じのことでしょうが、プログラムで扱う値やデータを一時的に保存し、別の計算や処理を行うときのために使用されるのが変数です。

　プログラムを読むときの見方をすれば、プログラムのどこかの処理で得られた出力を、別のところの入力として使いたい場合に変数が使われます。すべての変数には、目的があるはずです。その目的を読み取ることができると、どのような入力にその変数が使われ、それに対してどういう出力がされているのかを推測することができ、その間をつなぐ処理を正確に読み解くのに役立ちます。

　実際のシステム開発の現場では、変数に期待した値が入っていないことによる不具合が一定の確率で発生します。初めて見るプログラムを読み解くときはもちろんですが、そうした現場でどこに不具合があるのかを突き止めるといったときにも、変数を的確に読み取れるスキルが役に立ちます。

　変数を読み取るときには

- 変数名から変数の目的を推測する
- 変数の有効範囲（スコープ）を把握する
- 代入されている場所と参照されている場所を見つける

の3点に気を付けます。3番目については変数という目線で見たのでこのように書きましたが、本書を通じての書き方をすれば

- 出力が保存された場所と入力に使われている場所を見つける

と言い換えることができます。皆さんにはこのほうがわかりやすいかもしれませんね。

では、それぞれについてくわしく見ていきましょう。

 ## 変数名から変数の目的を推測する

変数には目的があります。一般に、変数名はその目的を合わせた名前になっていることがほとんどです。Pythonでは変数の命名規則として、「単語をアンダースコア（_）でつなぐ」とされており、その命名規則を念頭にどういう単語が変数名に採用されているかを見ることで、変数の目的を推測することができます。

実際にタイムカードの打刻プログラムで変数名を見てみましょう。

> **コード5-2　タイムカードの打刻プログラムで使われている変数（コード4-1より抜粋）**

```
51  # メイン処理
52  users = load_users()
53  user_id = authenticate(users)
```

ここでは、usersという変数と、user_idという変数が使われています。

users、user_id という変数名からどのような目的が推測できるでしょうか?

どちらも「user」が使われているので、ユーザー関連の変数でしょう。複数形のsがついているusersはたくさんのユーザー、_idがついているuser_idは誰かのユーザーIDなのではないかと想像できます。

実際、このプログラムではusersにはシステムに登録済みのユーザー情報の一覧が格納されており、user_idにはシステムを利用しようとログインしてきたユーザーのユーザー名が格納されます。プログラマーがわかりやすい変数名を採用してくれた例と言っていいでしょう。

でも、まれに変数名には変数の目的とはまったく関係ない単語が使われている場合もあります。いや、まれにではなく、よくあると言ってもいいかも

しれません。

　たとえば、変数を作る必要が出てきたとき、とりあえず仮の変数名をつけてコーディングを続けることがあります。それがそのまま変更されずにプログラムがフィックスとなってしまった場合や、開発中に変数の使用目的を変更されたのにもかかわらず変数名は当初のままになっている場合などに、こうした変数の目的と変数名のズレが生まれます。こうした場合は、変数名からその意図を読み取るのが難しくなります。

　その意味で、いつでもどのプログラムでも確実というわけにはいきませんが、変数名は変数の目的を読み取るための大きなヒントになります。

変数 i はどういう変数？

　変数が変数の目的を表していないとプログラムを読むのが難しくなるのは確かですが、繰り返し文で使われる変数 i のように、変数名自体には意味がなくても目的はよくわかるという変数もあります。

コード5-3　繰り返し文で使われる変数 i の目的は？

```
01  # 1から5までの範囲をループ
02  for i in range(1, 6):
03      print(i)
```

　変数 i の i に意味がないからといって、この変数の役割がわからないという人はそうはいないのではないでしょうか。for文を一定の基準で値を取り出してループさせる場合には、変数 i を使用することが一般的です。皆さんの中にも、ここで戸惑う人はほとんどいないでしょう。

変数の有効範囲を把握する

変数には有効範囲があります。この有効範囲のことを「スコープ」と呼びます。スコープの外では変数は存在できません。このため、スコープ外からその変数を参照したり代入したりすることはできません。

どういうことかというと、たとえば関数定義の中で使われている変数は、関数の外では使用することができません。仮に同じ名前の変数があったとしても、それは別の変数として扱われます。

これを次のようなサンプルプログラムで確認しましょう。

コード5-4　スコープ外の変数を利用しようとしたプログラムの例

```
001  global_a = 1
002
003
004  def func_a():
005      local_a = 0
006      print(global_a)
007      print(local_a)
008
009
010  func_a()
011  print(global_a)
012  print(local_a)
```

このプログラムを実行すると、最後の行でエラーが出ます。

```
NameError: name 'local_a' is not defined. Did you mean:
'global_a'?
```

　これは、local_a変数はfunc_a()関数の定義の中で使われている関数のため、有効範囲はこの関数の内部に限られます。このため12行目の

```
012  print(local_a)
```

のように関数の外では参照も代入もできません。一方、1行目で初期化したglobal_a変数は、プログラムのどこからでも利用できます。こういう変数をグローバル変数といいます。一方、local_aのように関数定義の中で使われている変数をローカル変数といいます。
　これだけであれば単なる文法の知識です。変数のスコープについてはご存じの人も多いでしょう。ところが、プログラムを読むときになるとこれが読みにくさの原因になることがあります。それは、プログラム内に同じ名前のグローバル変数とローカル変数があるときです。

コード5-5　同じ名前のグローバル変数とローカル変数があるプログラムの例

```
01  global_a = 1
02
03
04  def func_a():
05      global_a = 10
06      print(global_a)
07
08
09  func_a()
```

```
10    print(global_a)
```

このプログラムを実行すると、次のように出力されます。

```
10
1
```

　変数global_aが有効な範囲を考えてみます。まず、func_a()関数の中ではローカル変数のglobal_aが参照されます。これは5行目で初期化され、6行目で参照されています。func_a()関数内で実行された

```
05        global_a = 10
```

は、func_a()関数の中でglobal_a変数を作って10を代入しています。5行目ではグローバル変数を書き換えているわけではありません。

　たとえば期待した値が出力されないために原因を調査するといった目的でプログラムを読む場合、この変数のスコープが重要になることがあります。プログラマー本人はグローバル変数に値を代入したつもりでいて、実はそれはローカル変数として扱われる場所に記述していたということがあるためです。

　そもそもスコープの異なるところで同じ変数名を使用することはお勧めできません。はっきり言えば避けるべきコーディングです。エラーにもつながりやすく、仮にエラーにはならなくても読みにくいプログラムになってしまいます。でも実際のプログラムでは、そうした記述も確かにあります。自分が見ている変数はグローバルか、ローカルか。それと同じ名前の変数が別の場所にもないかどうかといった"疑いの目"を持てると、プログラムが読みやすくなることがあります。

代入されている場所と参照されている場所

　データ構造を読み解くときのコツは代入と参照です。変数を使う目的は、一時的にデータを保管し、別のコードでそのデータを再利用するためです。本書なりの表現をすると、「どこかの行の出力を、別の行の入力にするため」になります。つまり、変数が作られていたら、必ずどこかで代入されて、どこかで参照されているはずなのです。

　どこでどんなデータが代入されているか。それが別のどこかで参照されているとき、どのようなデータになっているか。これを見つけるのが変数の読み取りで重要になります。

　たとえば

```
01  a = 10      # 代入
02  print(a)    # 参照
```

というプログラムの場合、1行目で変数aに10という数値が代入されて、2行目でprint()関数の引数として参照されています。

　このような簡単なプログラムだったら、代入されている場所と参照されている場所はすぐに見つかりますが、複雑なプログラムになると、何度も代入されたり、まったく異なる場所で参照されたり、関数内で代入も参照もあったりといったケースもあります。

　プログラムを書くときプログラマーは、どのデータを何処で使うかということを考えながらデータ構造を設計し、変数を作っています。読み取るときには、そうしたプログラマーの意図を読み取ることが、プログラムを理解するために重要です。それには変数が代入されている場所、参照されている場所を見つけるのが確実な早道なのです。

繰り返し文を読む

　私がプログラミング教室で教えている経験では、繰り返し文の読み取り方についての質問をたくさん受けているという印象があります。これは、繰り返し処理が行われる間に、入力や出力、処理がわからなくなってしまうため、読めない、わからないとなってしまうケースが多いということのようです。

　繰り返し文を読むのに慣れると、1周ごとに何をしているか、変数にどのような値が代入されているか、などを頭の中で正確に追っていくことができるようになります。その結果、繰り返し処理が終わったときに、何が出力されるのかが自動的にわかるようになります。これが素早く正確にプログラムを読み取るのに役立ちます。

　繰り返し文を読むときには、次の順で考えながら読んでいくといいでしょう。それは

❶ 繰り返し文で実現したいことは何か
❷ どのような単位で繰り返しているか
❸ 1周ごとに何が行われているか

です。それぞれどういうことか、具体的に説明しましょう。
　まず、❶の「繰り返し文で実現したいことは何か」についてです。たとえば

```
for i in range(10):
```

というfor文が出てきたとしましょう。このfor文は「iが0から9になるまでの間、10回繰り返す」という繰り返しを表します。for文からわかるのはそれ

だけですが、プログラムを読むときにfor文が出てきたら、繰り返しの間に何を実現しようとしているのかを推測しながら読み進めるようにします。プログラム全体を分解していったときに、繰り返し文がどこかで出てきたらそれが分解前の処理もしくは処理の一部になっています。どういう処理の中で繰り返し文が使われているかを考えれば、その目的を正確に推測しながら細部を読むことができます。

❷の「どのような単位で繰り返しているか」というのは、何を繰り返しの基準にしているかという意味です。たとえば

```
for i in range(10):
```

であれば、0から9まで数値を数え上げながら繰り返しています。また、

```
day_of_week = ["Sun", "Mon", "Tue", "Wed", "Thu", "Fri", "Sat"]
for day in day_of_week:
```

と書いてあったら、曜日で繰り返しています。ということは1週間でひと回りさせる処理と考えることができます。このように繰り返しの単位を見ると、繰り返される処理を読むときの大きなヒントになることがあります。

❸の「1周ごとに何が行われているか」では、変数に着目します。繰り返しの中でどのような値が変数に代入されているか、その値が繰り返しの中でどのように使われているかという点が読み取りのポイントになります。

具体的なプログラムで見てみましょう。次のプログラムで使われているfor文で、1周ごとに何が行われているかを追いかけてみます。

コード5-6 繰り返し文を使ったプログラムの例

```
01  day_of_week = ["Sun", "Mon", "Tue", "Wed", "Thu", "Fri",
                                                    "Sat"]
02  title_line = ""
03
04
05  class Color:
06      BLACK      = '\033[30m' #(文字)黒
07      RED        = '\033[31m' #(文字)赤
08      BLUE       = '\033[34m' #(文字)青
09      RESET      = '\033[0m'  #全てリセット
10
11
12  for day in day_of_week:
13      if day == "Sun":
14          title_line += Color.RED + day + Color.RESET + " "
15      elif day == "Sat":
16          title_line+= Color.BLUE + day + Color.RESET + " "
17      else:
18          title_line+= Color.BLACK + day + Color.RESET + " "
19
20
21  print(title_line)
```

このプログラムを実行すると

```
Sun  Mon  Tue  Wed  Thu  Fri  Sat
```

と出力されます。実際の出力では、Sunが赤、Satが青になっています。このように曜日を示す文字列を、曜日に応じた文字色で出力するのがfor文の目的だったようです。

　これを踏まえてプログラムを読んでみましょう。

　繰り返しの単位は、リスト形式の変数day_of_weekの各要素です。これは曜日を示す文字列です。

　1周目の12行目でday変数にSunという文字列が代入されます。title_line変数は2行目で初期化されておりこの時点では値がありませんが、1周目の中で

```
\033[31mSun\033[0m
```

という文字列になります。

　2周目になると、day変数にはMonが代入されます。title_line変数は繰り返しの最初に

```
\033[31mSun\033[0m
```

だったところ、2周目の終了時には

```
\033[31mSun\033[0m    \033[30mMon\033[0m
```

になります。このように1週間分を繰り返すことになります。このとき、それぞれの繰り返しの中で、dayおよびtitle_lineの値がどのように変わるかをまとめてみました。

表5-1 コード5-6の繰り返し処理で変化する変数の値（dayおよびtitle_line）

周回数	day 変数	title_line （周回の開始時）	title_line （周回の終了時）
1周目	"Sun"	""	"\033[31mSun\033[0m "
2周目	"Mon"	"\033[31mSun\033[0m "	"\033[31mSun\033[0m \033[30mMon\033[0m "
3周目	"Tue"	"\033[31mSun\033[0m \033[30mMon\033[0m "	"\033[31mSun\033[0m \033[30mMon\033[0m \033[30mTue\033[0m "
4周目	"Wed"	"\033[31mSun\033[0m \033[30mMon\033[0m \033[30mTue\033[0m "	"\033[31mSun\033[0m \033[30mMon\033[0m \033[30mTue\033[0m \033[30mWed\033[0m "
5周目	"Thu"	"\033[31mSun\033[0m \033[30mMon\033[0m \033[30mTue\033[0m \033[30mWed\033[0m "	"\033[31mSun\033[0m \033[30mMon\033[0m \033[30mTue\033[0m \033[30mWed\033[0m \033[30mThu\033[0m "
6周目	"Fri"	"\033[31mSun\033[0m \033[30mMon\033[0m \033[30mTue\033[0m \033[30mWed\033[0m \033[30mThu\033[0m "	"\033[31mSun\033[0m \033[30mMon\033[0m \033[30mTue\033[0m \033[30mWed\033[0m \033[30mThu\033[0m \033[30mFri\033[0m "
7周目	"Sat"	"\033[31mSun\033[0m \033[30mMon\033[0m \033[30mTue\033[0m \033[30mWed\033[0m \033[30mThu\033[0m \033[30mFri\033[0m "	"\033[31mSun\033[0m \033[30mMon\033[0m \033[30mTue\033[0m \033[30mWed\033[0m \033[30mThu\033[0m \033[30mFri\033[0m \033[34mSat\033[0m "

このように日曜日から土曜日まで処理を繰り返した結果、title_line変数には

```
"\033[31mSun\033[0m   \033[30mMon\033[0m   \033[30mTue\033[0m
\033[30mWed\033[0m   \033[30mThu\033[0m   \033[30mFri\033[0m
\033[34mSat\033[0m   "
```

という文字列が代入されています。繰り返しが終わったあとに、21行目のprint()関数にこの文字列を引き渡すことにより、曜日に応じた文字色でSunからSatの曜日が並んだ文字列を出力します。

このように繰り返し文を詳細に見ていくときは、1周ごとに繰り返しの中で変数がどのように変化していくかを追っていくと、処理が具体的に読み取れるようになります。

関数を読む

プログラムを読み取るには、プログラム全体の処理を把握し、処理の内容を細かく見ていくことで部分に分解していくことを、ここまでで何度かご説明してきました。この処理を分解したときに頻出するのが関数です。

図5-1　処理を担うのに使われる関数

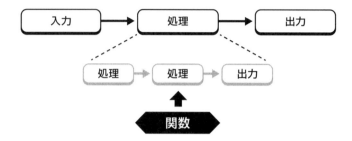

　関数の入力は引数、出力は戻り値となるのが基本ですが、他にも標準入出力、ファイル、データベースなどが関数の入力および出力になることがあります。

　関数を読むときのコツも、あくまで入力、処理、出力です。まずは入力となる引数と、出力となる戻り値を見ます。これにより、その関数にどのようなデータを入力することにより、どのようなデータが出力されるかを把握します。引数や戻り値は変数で入力し、変数に出力することが多いので、変数を追っていくことでどのような入力、出力があるかを推測することができます。

　ただし、引数や戻り値が存在しない関数もよくあります。この場合は、関数内で入力、出力が行われています。たとえばキーボードなどのデバイスを操作した結果を標準入力として読み込んで入力としたり、処理した結果をファイルやデータベースに書き出すといった形で出力したりといった動作です。引数や戻り値以外の入出力は、関数の定義を処理として読み取ることで見つけられます。

　タイムカードの打刻プログラムでも関数が使われています。メイン部を見てみましょう。

コード5-7　タイムカードの打刻プログラムのメイン部で使われている関数（コード4-1より抜粋）

```
51  # メイン処理
52  users = load_users()
53  user_id = authenticate(users)
54  if user_id:
55      while True:
56          print("\n1．出勤打刻\n2．退勤打刻\n3．休憩開始打刻\
                    n4．休憩終了打刻\n5．勤務時間表示\n6．終了")
57          choice = input("選択肢を入力してください: ")
58
59
60          if choice == '1':
61              punch_clock(users, user_id, '出勤')
```

　ここで見たコードだけで、load_users関数、authenticate関数、print関数、input関数、punch_clock関数が使われています。それぞれ何を入力として、何を出力しているのかを読み取ってみます。

 関数の入力と出力を読み取る

　まず52行目に出てくる

```
load_users()
```

です。この関数の入力と出力は

入力 …… 引数はなし。関数内でファイルからユーザー情報一覧を読み込む
出力 …… 戻り値＝usersに格納されるユーザー情報の一覧

となっています。この入力のように関数を呼び出すところでは入力が指示されていなくても、関数自体に入力が記述されているというケースがあります。
　53行目の

```
authenticate(users)
```

の場合は

入力 …… 引数のusersおよび関数内で標準入力（ログインしているユーザーのID）を取得
出力 …… 戻り値＝ログインしているユーザーの認証結果（成功した場合は当該ユーザーのID）

です。
　次に出てくる関数が、56行目のprint関数です。

```
print("\n1．出勤打刻\n2．退勤打刻\n3．休憩開始打刻\n4．休憩終了打刻\n5．勤務時間表示\n6．終了")
```

この場合の入力と出力は

入力 …… 引数の文字列
出力 …… 引数で指定された文字列を標準出力に表示

となります。このコードを実行すると

```
1．出勤打刻
2．退勤打刻
3．休憩開始打刻
4．休憩終了打刻
5．勤務時間表示
6．終了
```

と表示され、ユーザーがどの時刻を打刻したいのかなど、選べるメニューが表示されるというわけです。
　このメニューを受けて実行されるのが57行目のinput関数です。

```
input("選択肢を入力してください： ")
```

　この1行の場合、入力と出力は

入力 …… 引数の文字列および標準入力によりユーザーが入力した数値
出力 …… 文字列の標準出力およびユーザーが入力した値

と考えていいでしょう。print関数およびinput関数は、Pythonの組み込み関数なので、このプログラム内には記述がありません。
　最後に61行目のpunch_clock関数を見ておきましょう。

```
punch_clock(users, user_id, '出勤')
```

これは、プログラム内で定義されている関数です。この行での入力と出力は

入力 …… users、user_id、文字列「出勤」（いずれも引数）
出力 …… 戻り値はなし。関数内で打刻情報がデータベースに出力される

となります。

　いずれの関数でもまず引数と戻り値、その次に関数内の処理を見るようにしましょう。先に関数全体の入力と出力を把握した方が関数は読み取りやすくなります。

クラスを読む

　クラスやオブジェクトの理解は、プログラマーにとって大きなハードルと言えるかもしれません。でも、業務でプログラム開発をするなら避けては通れません。プログラムを読むときにも同じことが言えます。
　関数が1つの処理を定義したものとすると、クラスはもう少し大きく、1つの役割をまとめたものであるといえます。
　関数は、入力を出力に変えるための処理について記述したものです。実現したい処理を関数でプログラミングするときは、入力するデータを用意し、出力を格納する変数を用意し、処理として作成した関数に入力を渡し、出力を受け取ります。関数は処理なので、入力と出力は変数として準備するわけです。
　一方クラスは、役割を実現するために必要なデータと、それを処理するための機能がひとまとめにされていて、クラスの中で入力、処理、出力が完結しています。クラスを使わなくても、関数と変数を組み合わせることにより、同じ入力に対して同じ出力をする処理を作ることはできるでしょう。でも、

メイン部から順に関数、変数をそれぞれ追っていかないと、その関連を把握することはできません。一方、クラスにしてあれば、関連するデータと処理はクラスの中で完結しており、読んで把握するのが容易になります。

　クラスの設計をしたり、コンストラクタなど特定のメソッドを用意したりする必要がある分、クラスにするとプログラムを書くときの手間は増えますが、読むときには大幅に楽になります。

役割や目的から詳細を読み取る

　ここではクラスを読むときの大原則をご説明します。

　前述の通り、クラスはデータやその処理などについて、プログラム全体における役割あるいは目的をもとにまとめたものです。ということは、クラスを読むときにはその役割が何かを読み取らなければなりません。そこで、その役割を果たすために「必要なデータは何か」「必要な処理は何か」を推測していくと、クラスの読み取りがはかどります。

　たとえば、ユーザーを認証するクラスを見てみようと思います。

　このクラスの役割はユーザー認証です。ですから、このクラスにはユーザー認証に必要なものがそろっているだろうと考えられます。それを踏まえて読んでいきます。

　このとき、どのようにユーザーを認証しているか、その方法を推測しながら読むと、ユーザー認証に必要なデータや処理が見えてきます。

　一般的なユーザー認証は、登録済みのユーザー情報（ユーザー名とパスワードなど）と、認証を求めるユーザーの情報（ユーザー名とパスワードなど）を比較します。ユーザー情報が一致していれば認証できるし、両方とも一致しない限りは認証できません。

　このように考えると

必要なデータ……登録済みのユーザー名とパスワード
必要な処理………ユーザー情報（ユーザー名とパスワード）の登録
　　　　　　　　ユーザーの認証

ということが見えてきます。このような推測をしてからプログラムを見ていきます。次のように記述されていたとしましょう[*1]。

コード5-8 ユーザー認証を目的としたクラスの例

```
01  class UserAuth:
02      def __init__(self):
03          # ユーザー情報を保存する辞書。キーがユーザー名、値がパスワード。
04          self.users = {}
05
06
07      def register_user(self, username, password):
08          """新しいユーザーを登録する"""
09          if username in self.users:
10              print(f"ユーザー '{username}' はすでに存在します。")
11              return False
12          self.users[username] = password
13          print(f"ユーザー '{username}' が登録されました。")
14          return True
15
16
17      def login(self, username, password):
18          """ユーザーがログインしようとするときに使用"""
19          if username not in self.users:
20              print("ユーザー名が存在しません。")
21              return False
22          if self.users[username] == password:
```

[*1] コード5-8はあくまでサンプルです。実際のユーザー認証であればパスワードの暗号処理のほか、登録済みユーザー情報の保存、ユーザー情報の変更や削除といった処理も求められますが、ここでは省略しています。

```
23              print(f"ユーザー '{username}' が正常にログインし
                                                    ました。")
24              return True
25          else:
26              print("パスワードが間違っています。")
27              return False
28
29
30      def authenticate(self, username, password):
31          """ユーザーが認証されているかどうかを確認"""
32          return self.login(username, password)
```

　クラスの記述についての文法的な詳細はここでは触れません。その点に自信がない人はクラスの解説が充実した入門書やネット上の解説記事と合わせて読んでください。でも、このクラスの役割（ユーザー認証）から、おそらくこのクラスが備えているであろう処理を想定してこのコードを読むことにより、登録済みのユーザー名とパスワードをどこから取得しているか、ユーザー情報の新規登録はどの処理（メソッド）で行っているか、ユーザーの認証をどの処理（メソッド）で行っているかが見えてきます。そうすると、それぞれについて何が入力か、出力かを把握するのが容易になります。

　クラスの場合は、ここまでで解説してきたような入力、処理、出力を分解していくのにまず入力と出力を探すという手法ではなく、クラスの役割から処理を探し、その入力と出力を特定するという手法が読み解きやすいと言えます。もしかすると、コーディングによってはクラスのような読み方をするほうがわかりやすいこともあるかもしれません。場面によって、入力と出力から解明していくのか、処理から見つけていくのか、使い分けるとよいでしょう。クラスに限っていえば、その役割つまり処理から見ていくのが効率よく読み解くコツだと考えてください。

Chapter 6

実習
プログラムを読む（入門レベル）

ここまで読みにくいプログラムでもこうすれば読み解けるという、読む際のテクニックについてご説明してきました。ここからは実際にプログラムで実習してみましょう。本章では、入門レベルとしてシンプルな構造のゲームプログラムを取り上げます。次章以降はPythonのモジュール、業務用途のプログラムといったように、実務に役立つプログラムを取り上げることにしています。

　このため本章のプログラムでは物足りないという人もいるでしょう。特に何も考えなくても、そう苦労せずにどういうプログラムか、どのように処理が流れていくかを読み取れるかもしれません。でも、ここまでの章で解説した読むテクニックを意識して、どこを見て全体を把握するか、入力と処理、出力は何か、処理を分解することで、どういう入力、処理、出力が取り出せるかについて意識しながらプログラムを読んでみてください。プログラムを読むときの目線を大事にしていただければと思います。

　取り上げたプログラムについてはそれぞれプログラム本体のほかに、読み解くための情報として

- そのプログラムの目的
- 外部仕様や詳細設計

について説明をしています。プログラムによっては、上記の情報に欠けているものがある場合もあります。実際に皆さんがプログラムを読むときには、必ずしも情報がそろっているとは限らないので、ないものはないまま読み進めていきましょう。

　読み方に正解はありません。本書で何度も触れてきましたが、プログラムからは設計とその意図を読み取ることが重要です。プログラマーがどのようにその設計をコードに落とし込んだのかについては、正解があるわけではありません。それを対象のプログラムをもとに別のプログラムを作るのか、機能を追加してバージョンアップするのか、リファクタリングするのか、などによっても、読み取るべきことは微妙に変わってくることがあります。

　そこで、実習パートでは、読み方の一例として私がそれぞれのプログラムを読むときには何を考えて、どこに着目し、どのように読み取ったかをまとめます。その通りに読める必要はありませんが、読み方の1モデルとして参考

にしてください。

　また、プログラムのすべてについて詳細に読んでいるわけではありません。プログラムを理解するための読み方として、糸口となる部分についてどのように読んでいけばいいのかを示しています。本書で触れていないところは、ぜひご自分で読み込んでください。

　読んだプログラムの数が増えていくほど、プログラムを読むスキルは上がっていきます。実践を重ねれば、それだけ上達します。本章を読む力を養う第一歩にしてください。

　なお、一部のプログラムを除き、私が作成したプログラムを取り上げています。該当するプログラムは以下のサイトで公開しています。実行してみる場合など、実習にご活用ください。

https://grandcircle.co.jp/bp02

数当てゲーム

　最初のプログラムはコンピューターが考えた数を、プレーヤーが推測しながらなるべく少ない回数で当てるというゲームです。

 ### プログラムの目的

　プログラムは1から100までの整数から、1つを答えとしてランダムに決定します。プレーヤーがその答えを推測して入力すると、プログラムは答えがプレーヤーの入力よりも大きいか、小さいかをヒントとして返します。プレーヤーはできるだけ少ない回数で正しい答えを見つけるというゲームです。

外部仕様

特にありません。

詳細設計

詳細設計書そのものは掲載しませんが、詳細設計として、以下のようなフローを実装したことがわかっています。

❶ プログラムが1から100までのランダムな数字を選ぶ
❷ プレーヤーはその数字を当てるよう、解答を入力する
❸ プログラムは、入力された数字が正しいかどうかを判定し、「もっと大きい」または「もっと小さい」といったヒントを提供し、プレーヤーの入力を待つ。
❹ 正解すると、何回目の挑戦で当てたかが表示され、ゲームが終了する

プログラムを読む前に推測する

Chapter 4で、プログラムを読む前にすることを紹介しました。それは

- ドキュメントを探す
- プログラムを書いた人に聞く
- コードを実行してみる
- プログラムの目的に合わせて、実装つまり入力、出力、処理を想像する

です。ドキュメントについては、外部仕様は特になく、詳細設計の代わりに全体のフローがわかっています。

プログラムを書いた人については、著者である私本人なので、実習ということもあり、当人には聞けないものと思ってください。

コードを実行したところ、次のような出力になりました。毎回同じではな

いので、皆さんもぜひ実行して動作を確認してみてください。太字になっているのは、プログラム側のプロンプトに対するプレーヤーの入力です。

```
数当てゲームへようこそ！
1から100までの数字を当ててください。
予想する数を入力してください： **30**
もっと小さい数字です。
予想する数を入力してください： **10**
もっと大きい数字です。
予想する数を入力してください： **18**
もっと大きい数字です。
予想する数を入力してください： **22**
もっと小さい数字です。
予想する数を入力してください： **21**
正解です！5回目で当たりました。
```

と、ここまでの材料とプログラムの目的から入力、出力を考え、その間にある処理を想像してみましょう。まず入力と出力は

入力 …… 1から100までの数字（整数）
出力 …… 入力した値が答えと一致していれば「正解」
　　　　　一致していなければ、入力した値が答えより大きいか、小さいか

です。このことから、処理としては

❶ ランダムに数字を決めて
❷ 数字を入力させて
❸ 答え合わせをして
❹ その結果に応じてメッセージを表示する

ということをやっているのではないかと推測します。
　さらに出力されたメッセージとその順序から処理を考えてみると、もう少しくわしく4段階に分けられそうです。

1. ゲームのルールを表示する

```
数当てゲームへようこそ
1から100までの数字を当ててください。
```

2. プレーヤーが予想した数を入力させる

```
予想する数を入力してください：（これに対して30を入力）
```

3. 答え合わせをしてその結果とヒントを出す

```
もっと小さい数字です。
```

4. 正解するまで2.と3.を繰り返す

```
予想する数を入力してください：（これに対して10を入力）
もっと大きい数字です。
予想する数を入力してください：（これに対して18を入力）
もっと大きい数字です。
予想する数を入力してください：（これに対して22を入力）
もっと小さい数字です。
```

```
予想する数を入力してください：（これに対して21を入力）
```

　プレーヤーの入力と答え合わせを繰り返すうちに、やがて正解に行き着きます。このため、答え合わせをしている3.については後半の処理があって、前述の実行例では21を入力したことにより

```
正解です！5回目で当たりました。
```

と表示します。この

1. ゲームのルールを表示する
2. プレーヤーが予想した数を入力させる
3. 答え合わせをしてその結果とヒントを出す
4. 正解するまで2.と3.を繰り返す

が処理の具体的な中身と推測できました。実際にプログラムを読む前に、このくらいの調査や推測をしておきたいところです。

 ## プログラムを読む

　全体の処理が推測できたところで、プログラムを見てみましょう。

コード6-1　数当てゲームのプログラム (kazuate.py)

```
01  import random
02
03
04  def main():
```

```
05      print("数当てゲームへようこそ！")
06      print("1から100までの数字を当ててください。")
07
08
09      # ランダムに1から100までの数を選ぶ
10      number_to_guess = random.randint(1, 100)
11      attempts = 0
12
13
14      while True:
15          # プレイヤーに数を入力させる
16          guess = int(input("予想する数を入力してください: "))
17          attempts += 1
18
19
20          # 入力された数が正しいかを判定
21          if guess < number_to_guess:
22              print("もっと大きい数字です。")
23          elif guess > number_to_guess:
24              print("もっと小さい数字です。")
25          else:
26              print(f"正解です！{attempts}回目で当たりました。")
27              break
28
29
30  if __name__ == "__main__":
31      main()
```

　最初に探すのはメイン部でしたね。コード6-1には、main()関数が定義してあります。ここがこのプログラムのメイン部であると考えてそこから読み始めます。具体的には4行目の

```
04  def main():
05      print("数当てゲームへようこそ！")
```

から読んでいけばよさそうです。
　プログラム全体の処理としては、

● ランダムに数字を決める
● プレーヤーに数字を入力させる
● 答え合わせをする
● その結果に応じた出力をする

と推測しました。そこで、ランダムに数字を決めているところを探してみます。すると

```
10      number_to_guess = random.randint(1, 100)
```

が該当しているようです。
　次の処理である、プレーヤーに数字を入力させるところというと

```
16      guess = int(input("予想する数を入力してください: "))
17      attempts += 1
```

でよさそうです。
　答え合わせをするところと、その結果に応じて出力をするところは

```
21      if guess < number_to_guess:
22          print("もっと大きい数字です。")
23      elif guess > number_to_guess:
24          print("もっと小さい数字です。")
25      else:
26          print(f"正解です！{attempts}回目で当たりました。")
```

にまとまっていると読み取ることができます。あとは、変数を読み取って追っていけば、ルールを変更することもできそうです。

　本当のことをいうと、30行ぐらいのプログラムを読むときに、ここまで細かく手順を踏む必要はないかもしれません。最初からプログラムを読むほうが早いという人も多いでしょう。ただ、プログラムを読むときには、頭の中でこのように考えを巡らせながら読んでいます。その頭の中を見える化すると、ここで書いたような手順になります。

人対コンピューターの三目並べ

　次のプログラムを読んでみましょう。今度は三目並べです。三目並べをご存じないという人はいませんか？　やったことがあるかないかで、プログラムのわかりやすさが格段に違ってきます。

　私が小学生のころは、校庭に指で縦縦横横と線を引いて、友達と遊んだことを覚えています。お互いにゲームに慣れてくると定石となる手順が決まってしまい、勝負が付かなくなるゲームです。

図6-1　三目並べで勝負がついたところ

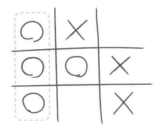

もし三目並べがわからないという人がいたら、遊び方を検索してルールや手順を調べておいてください。これもプログラムを読む前の準備の1つです。

三目並べでは2種類のプログラムを用意しました。1つは私が書いた「人対コンピューターの三目並べ」で、もう1つは私が講師を務めるプログラミング教室の生徒さんが作った「人対人の三目並べ」です。

「人対コンピューター」と「人対人」という対戦方法の違いが、どのようにプログラムの違いになって表れるか。プログラミング歴が30年と2年というプログラマーの経験年数の違いが、どのようにプログラムの違いになって表れるか。そのあたりも味わいながらプログラムを読んでいただけたらと思います。

 ## プログラムを読む前に推測する

まずは人対コンピューターの三目並べプログラムです。人とコンピューターが1マスずつ選んでいき、先に1列分のマスをそろえて取ったほうが勝ちというゲームです。

 ### プログラムの目的

3行3列に並ぶマス目を用意します。人とコンピューターが交互にマス目を選び、先攻が○、後攻が×を入力します。先に、縦、横もしくは斜めに3つのマスを自分の記号でそろえたほうを勝ちと判定します。

外部仕様

縦、横に2本ずつの線を引き、次のような9個のマスを作ります。

```
1 | 2 | 3
- + - + -
4 | 5 | 6
- + - + -
7 | 8 | 9
```

各マスには1から9までの番号を振って表示します。プレーヤーもしくはコンピューターはこの番号で選ぶマスを指定します。

先攻が選んだところを○に、後攻が選んだところを×に置き換えます。それぞれ一手ずつ選んだところの画面例は次のようになります。

```
1 | 2 | ○
- + - + -
4 | × | 6
- + - + -
7 | 8 | 9
```

縦、横、斜めいずれの方向でもかまわないので、○もしくは×が真っすぐ3つ並ぶと、勝負あり。並べた側が勝ちになります。たとえば、次のような場合です。

```
○ | × | ○
- + - + -
4 | × | ○
- + - + -
7 | × | 9
```

 詳細設計

　私が作成したプログラムです。実際のところ、この規模のプログラムであれば考えながら実装できてしまったので……。これについては、詳細設計に関するドキュメントはないという前提でプログラムを読んでください。

 コードの実行結果

　プログラムを実行すると、次のようになりました。太字になっているのは、プログラム側のプロンプトに対するプレーヤーの入力です。
　最初に先攻か後攻かを尋ねられます。それに回答してゲームはスタートします。以下、ちょっと長いですが、実行した結果を見てください。

```
先攻（○）後攻（×）を決めます。
0か1を入力してください。1
先攻は 0です。
あなたは後攻です。
{0: '－', 1: '×', -1: '○'}

1 | 2 | 3
- + - + -
4 | 5 | 6
```

－ ＋ － ＋ －
7 | 8 | 9

コンピュータは 3 を選びました。

= = = = =
1 | 2 | ○
－ ＋ － ＋ －
4 | 5 | 6
－ ＋ － ＋ －
7 | 8 | 9
= = = = =

表示されている番号のいずれかを入力してください。
5

= = = = =
1 | 2 | ○
－ ＋ － ＋ －
4 | × | 6
－ ＋ － ＋ －
7 | 8 | 9
= = = = =

コンピュータは 1 を選びました。

```
= = = =
○ | 2 | ○
− + − + −
4 | × | 6
− + − + −
7 | 8 | 9
= = = =
```

表示されている番号のいずれかを入力してください。
2

```
= = = =
○ | × | ○
− + − + −
4 | × | 6
− + − + −
7 | 8 | 9
= = = =
```

コンピュータは 6 を選びました。

```
= = = =
○ | × | ○
− + − + −
4 | × | ○
− + − + −
7 | 8 | 9
= = = =
```

表示されている番号のいずれかを入力してください。
8

```
= = = = =
○ | × | ○
- + - + -
4 | × | ○
- + - + -
7 | × | 9
= = = = =
```

あなたの勝ち

　さて、ここまでの情報をもとに、プログラムの入力と出力、そして処理を想像してみましょう。
　プログラムの目的は三目並べ。3×3のマス目をコンピューターとプレーヤーが交互に1つずつ選びながら、先に縦、横、斜めのいずれかの向きに真っすぐ並ぶ3つのマスを選んだほうが勝ちになります。
　プログラムを実行した結果から

入力 …… 選んだマス目の位置を示す1から9の数字
出力 …… プレーヤーの記号が先に真っすぐ3つのマスに並んだら「あなたの勝ち」

ということがわかりました。ここから推測すると、プログラムの処理は、
❶ 先攻、後攻を決める
❷ 先攻が場所を1つ決める
❸ もう一方が残りの場所から1つを決める
❹ どちらかが真っすぐ3つのマス目をそろえるまで❸と❹を繰り返す

❺ 3つのマス目がそろったら結果を出力する

といった感じでしょうか。

→ プログラムを読む

ここまで調査、推測してからプログラムを読んでみます。三目並べのプログラムは、次のようになっています。

コード6-2　人対コンピューターの三目並べ (sanmoku1.py)

```
001  import random
002  import math
003
004
005  first = "○"
006  second = "×"
007  mark = {0 : "ー", 1 : "", -1 : ""}
008  #1：プレイヤー、-1：コンピュータ
009
010
011  field = [[0, 0, 0], [0, 0, 0], [0, 0, 0]]
012  input_number = ["1", "2", "3", "4", "5", "6", "7",
                                                "8","9"]
013
014
015  def senkou_koukou():
016      print("先攻（○）後攻（×）を決めます。")
017      choice = int(input("0か1を入力してください。"))
018      first_attack = random.randint(0, 1)
019
```

```
020
021     print("先攻は " + str(first_attack) + "です。")
022
023
024     if choice == first_attack:
025         print("あなたは先攻です。")
026         mark[1] = first
027         mark[-1] = second
028     else:
029         print("あなたは後攻です。")
030         mark[1] = second
031         mark[-1] = first
032
033
034     print(mark)
035
036
037 def print_field():
038     str_line = ""
039
040
041     print("")
042     print("=====")
043     for i in range(3):
044         for j in range(3):
045             if field[i][j] == 0:
046                 str_line += input_number[i * 3 + j]
047             else:
048                 str_line += mark[field[i][j]]
049             if j < 2:
050                 str_line += "|"
051         print(str_line)
```

```
052            str_line = ""
053            if i < 2:
054                print("－＋－＋－")
055        print("=====")
056        print("")
057
058
059 def input_player(turn):
060     print("表示されている番号のいずれかを入力してください。")
061     while (True):
062         input_str = input("")
063         if input_str.isdigit():
064             input_int = int(input_str)
065             if input_int >= 1 and input_int <= 9:

066                 row = math.floor((input_int - 1) / 3)
067                 col = (input_int - 1) % 3
068                 if field[row][col] == 0:
069                     field[row][col] = 1
070                     break
071         print("")
072         print("もう一度、表示されている番号のいずれかを入力して
                                                       ください。")
073
074
075
076
077 def input_computer(turn):
078     while (True):
079         row = random.randint(0, 2)
080         col = random.randint(0, 2)
081         if field[row][col] == 0:
```

```
082                print("コンピュータは " + str(row * 3 + col
                                              + 1) + " を選びました。")
083                field[row][col] = -1
084                break
085
086
087 def check_winner(player_number):
088     win = False
089     for i in range(3):
090         if sum(field[i]) == player_number * 3:
091             win = True
092             break
093     if win == False:
094         for j in range(3):
095             if field[0][j] + field[1][j] + field[2][j] ==
                                             player_number * 3:
096                 win = True
097                 break
098     if win == False:
099         if field[0][0] + field[1][1] + field[2][2] ==
                                             player_number * 3:
100             win = True
101         elif field[2][0] + field[1][1] + field[0][2] ==
                                             player_number * 3:
102             win = True
103
104
105     return win
106
107
108 def field_full():
109     is_full = True
```

```
110      for i in range(3):
111          for j in range(3):
112              if field[i][j] == 0:
113                  is_full = False
114      return is_full
115
116
117  senkou_koukou()
118  print_field()
119
120
121  finish = False
122  turn = first
123  while (finish == False):
124
125
126      if mark[1] == turn:
127          input_player(turn)
128          print_field()
129          if check_winner(1) == True:
130              print("あなたの勝ち")
131              finish = True
132      else:
133          input_computer(turn)
134          print_field()
135          if check_winner(-1):
136              print("あなたの負け")
137              finish = True
138
139
140      if finish == False and field_full() == True:
141          print("引き分け")
```

```
142         finish = True
143
144
145     if turn == first:
146         turn = second
147     else:
148         turn = first
```

では、セオリーに従ってメイン部を読んでみましょう。ただし、このプログラムはmain()関数がありません。

その場合、インデントしていない行のうち、

● 関数やクラスの宣言の行ではない
● グローバル変数を定義する行ではない
● モジュールをインポートする文ではない

に当てはまる行を探していきます。その中にメイン部の先頭の行が必ずあります。まずは、この目線でプログラムを見てください。

どうでしょう。探せましたか。コード6-2の場合、メイン部は次の部分になります。

```
117 senkou_koukou()
118 print_field()
119
120
121 finish = False
122 turn = first
123 while (finish == False):
124
125
```

```
126    if mark[1] == turn:
127        input_player(turn)
128        print_field()
129        if check_winner(1) == True:
130            print("あなたの勝ち")
131            finish = True
132    else:
133        input_computer(turn)
134        print_field()
135        if check_winner(-1):
136            print("あなたの負け")
137            finish = True
138
139
140    if finish == False and field_full() == True:
141        print("引き分け")
142        finish = True
143
144
145    if turn == first:
146        turn = second
147    else:
148        turn = first
```

　さて、このメイン部でどういう処理が進められているかを見ていきましょう。さきほどの推測に当てはめると、まず❶の「先攻、後攻を決める」処理がどこか探してみましょう。すると

```
117    senkou_koukou()
```

が、それに当たりそうです。

次に、❷の「先攻が場所を1つ決める」ですが、これは❸の「もう一方が残りの場所から1つを決める」と共通しているところがあるため、まとめて記述してあるかもしれません。そこで「場所を決める」処理をしてそうなところを探します。

そうすると、

```
126        if mark[1] == turn:
127            input_player(turn)
128            print_field()
    (中略)
132        else:
133            input_computer(turn)
134            print_field()
```

のところと目星を付けられます。呼び出している関数名がinput_playerおよびinput_computer、print_fieldとなっているところから、○や×を入力として、それぞれを配置した状態を出力しているのだろうと推測できたためです。

❹の「どちらかが真っすぐ3つのマス目をそろえるまで❸と❹を繰り返す」と❺の「3つのマス目がそろったら結果を出力する」は

```
129        if check_winner(1) == True:
130            print("あなたの勝ち")
131            finish = True
```

```
        （中略）
135        if check_winner(-1):
136            print("あなたの負け")
137            finish = True
```

で、勝敗の判断と結果の表示をしていると考えられそうです。check_winnerという名前の関数を呼び出していることから、勝敗を判定している関数なのであろうと推測できるからです。これで、メイン部の流れを読み取れました。

 データ構造を読む

コード6-1と違って、グローバル変数もたくさん出てきました。これも整理しておきましょう。データ構造を読むというのは、グローバル変数を追っていくことだと受け取っていただいてかまいません。

グローバル変数は5行目から5種類が初期化されています。

```
005  first = "○"
006  second = "×"
007  mark = {0 : "ー", 1 : "", -1 : ""}
008  #1：プレイヤー、-1：コンピュータ
009
010
011  field = [[0, 0, 0], [0, 0, 0], [0, 0, 0]]
012  input_number = ["1", "2", "3", "4", "5", "6", "7",
                                              "8","9"]
```

プログラムを書いた本人（この場合は著者の私です）であれば説明はで

きますが、ここで私がそのまま説明するのはNGです。それに加えて詳細設計に関する情報がない状態では、これだけで各グローバル関数の意味や目的を正確に読み取るのは難しいでしょう。

そこで、変数名や初期化時の値から可能な限り推測してみようと思います。

- first ……………… 「○」だがこれだけでは不明（でも、先攻／後攻と関係あり？）
- second …………… 「×」だがこれだけでは不明（これも先攻／後攻と関係あり？）
- mark ……………… 不明
- field ……………… ○もしくは×を入力する場所？
- input_number …… 入力場所を示すリストと考えてよさそう

不明なものは不明のままで、それぞれの変数がどこで代入されているか、どこで参照されているかは、もう少しプログラムを読み込まないとわからなさそうです。そこで、全体の把握はここまでにして、プログラムの細部に目を向けていくことにします。

部分部分を読み解いていく

グローバル変数に不明な点が残っているので、メイン部を分解して詳細に見ていきましょう。まずメイン部で最初に出てくるsenkou_koukou()関数を読んでみます。

コード6-3　senkou_koukou()関数（コード6-2より抜粋）

```
015    def senkou_koukou():
016        print("先攻（○）後攻（×）を決めます。")
017        choice = int(input("0か1を入力してください。"))
018        first_attack = random.randint(0, 1)
```

```
019
020
021     print("先攻は " + str(first_attack) + "です。")
022
023
024     if choice == first_attack:
025         print("あなたは先攻です。")
026         mark[1] = first
027         mark[-1] = second
028     else:
029         print("あなたは後攻です。")
030         mark[1] = second
031         mark[-1] = first
032
033
034     print(mark)
```

　では、このsenkou_koukou()関数を、入力、出力および処理の観点で読んでみます。すると

入力 …… 0か1（数値）をプレーヤーが入力
出力 …… プレーヤーの攻撃順（先攻か後攻か）を標準出力およびmark変
　　　　 数に出力

と読み取れます。であれば

処理 …… 入力した数値とランダムに決めた数値が一致するかどうか判定
　　　　 し、一致した場合はプレーヤーを先攻、一致しない場合は後攻と
　　　　 する

と読めますね。

ここで、グローバル変数がsenkou_koukou()関数の中で使われていることに着目します。ここで使われているのは、first、second、markです。26、27行目および30、31行目を見ると、markにはfirstもしくはsecondを代入していることがわかります。

　25行目および29行目で表示するメッセージから考えて、プレーヤーが先攻の場合に、mark[1]をfirstに、後攻の場合にsecondにしているので、ここで先攻、後攻を決めてグローバル変数のmarkに代入していると考えられます。markを初期化した7行目をもう一度見てみると、フィールドに表示する記号を設定している辞書のようです。おそらくプレーヤーおよびコンピューターの手に応じて取ったマス目を示すときに参照するのだろうと推測できます。

　グローバル変数は多くの場合、プログラムの異なる部分でそれぞれ更新されたり、参照されたりするものです。グローバル変数がどういう目的で、どのように使われているのか、早めに読み解けると、以降の読む作業がグッと楽になります。

　メイン部を詳細に分解して読んでいくのは、ここまでにしておきます。ぜひ残りの関数もどのような処理になっているのかを、入力と出力から追っていく読み方で実習してみてください。

人対人の三目並べ

　三目並べのプログラムをもう1つ読んでみましょう。
　これは、私が講師を務めるプログラミング教室に通う生徒に書いてもらったプログラムです。この人はプログラム歴2年といったところです。コード6-2とは、対戦方法、作者のプログラミング歴が異なります。それにより、同じ三目並べであったとしても、プログラムの書き方はずいぶん違っています。その違いも感じながら、プログラムを読んでみてください。

プログラムを読む前に推測する

　プログラムの目的、外部仕様は、人対コンピューターの三目並べと同じです。人対人になるので実装のところは変わってきますが、こちらも詳細設計については情報がないという前提でプログラムを読んでみましょう。

 コードの実行結果

　では、コードを実行してみましょう。すると、次のような出力になりました。プログラムの要求に応じてプレーヤーが入力したところは太字にしてあります。

```
○×ゲームスタート！！
最初にどちらがプレイヤー1、プレイヤー2にするか決めてください
先攻後攻をじゃんけんで決めてください
0：グー，1：チョキ，2：パー0
プレイヤー1の手はグー
プレイヤー2の手はチョキ
プレイヤー1が先攻(○)
プレイヤー2が後攻(×)
プレイヤー1が勝ち
ー ー ー ー ー
 0 | 1 | 2
ー ー ー ー ー
 3 | 4 | 5
ー ー ー ー ー
 6 | 7 | 8
ー ー ー ー ー
```

プレイヤー1
先攻はプレイヤー1です。どこに〇を配置しますか？(例：0) **0**
```
— — — — —
○ | 1 | 2
— — — — —
 3 | 4 | 5
— — — — —
 6 | 7 | 8
— — — — —
```

プレイヤー2
後攻はプレイヤー2です。どこに×を配置しますか？(例：0) **5**
```
— — — — —
○ | 1 | 2
— — — — —
 3 | 4 | ×
— — — — —
 6 | 7 | 8
— — — — —
```

プレイヤー1
先攻はプレイヤー1です。どこに〇を配置しますか？(例：0) **4**
```
— — — — —
○ | 1 | 2
— — — — —
 3 | ○ | ×
— — — — —
 6 | 7 | 8
— — — — —
```

プレイヤー2

後攻はプレイヤー2です。どこに×を配置しますか？(例:0) **8**

```
─────
○ | 1 | 2
─────
3 | ○ | ×
─────
6 | 7 | ×
─────
```

プレイヤー1

先攻はプレイヤー1です。どこに○を配置しますか？(例:0) **2**

```
─────
○ | 1 | ○
─────
3 | ○ | ×
─────
6 | 7 | ×
─────
```

プレイヤー2

後攻はプレイヤー2です。どこに×を配置しますか？(例:0) **6**

```
─────
○ | 1 | ○
─────
3 | ○ | ×
─────
× | 7 | ×
─────
```

プレイヤー1
先攻はプレイヤー1です。どこに○を配置しますか？(例:0) **1**

```
─ ─ ─ ─ ─
○ | ○ | ○
─ ─ ─ ─ ─
3 | ○ | ×
─ ─ ─ ─ ─
× | 7 | ×
─ ─ ─ ─ ─
```


○の勝ち！

　この実行結果をもとに、プログラムの入力、出力、処理を推測してみましょう。
　まず、入力と出力は

入力 …… ○および×を置く場所を示す0から8までの数字（2人のプレーヤーが交互に入力する）
出力 …… 先攻の記号が3マス真っすぐにならんだら「○の勝ち！」

でした。おそらく後攻のプレーヤーが勝てば、出力は「×の勝ち！」とでも表示されるのでしょうね。
　そうすると、処理として推測できるのは

❶ 先攻と後攻をじゃんけんで決める
❷ 先攻のプレーヤーが○を置く位置を決める
❸ 後攻のプレーヤーが×を置く位置を決める
❹ どちらかの記号が真っすぐ3マス並ぶまで❷と❸を繰り返す
❺ 勝負が付いたら結果を出力する

と言えるでしょう。基本的に三目並べである点は変わらないので、コード6-2の人対コンピューターの三目並べととてもよく似た入力、出力、処理になります。

プログラムを読む

ここまで調査、推測してからプログラムを読んでいきます。具体的には次のようなコードです。

コード6-4　人対人の三目並べ (sanmoku2.py)

```
001  import random
002
003
004  hands = ['グー', 'チョキ', 'パー']
005  view = [0,1,2,3,4,5,6,7,8]
006  results = {'win':'プレイヤー1が勝ち', 'lose':'プレイヤー2が
                                    勝ち', 'draw':'あいこ'}
007  player = {'player1':'プレイヤー1', 'player2':'プレイヤー2'}
008
009
010  def start_message():
011      print('○×ゲームスタート!!')
012      print('最初にどちらがプレイヤー1、プレイヤー2にするか決めて
                                                ください')
013      print('先攻後攻をじゃんけんで決めてください')
014
015
016  # 先攻後攻決め
017  def get_my_hand():
018      return int(input('0:グー, 1:チョキ, 2:パー'))
```

```python
def get_you_hand():
    return random.randint(0, 2)


def get_hand_name(hand_number):
    return hands[hand_number]


def view_hand(my_hand, you_hand):
    print('プレイヤー1の手は' + get_hand_name(my_hand))
    print('プレイヤー2の手は' + get_hand_name(you_hand))


def get_result(hand_diff):
    if hand_diff == 0:
        print('もう一回してください')
        return 'draw'
    elif hand_diff == -1 or hand_diff == 2:
        print('プレイヤー1が先攻(〇)')
        print('プレイヤー2が後攻(×)')
        return 'win'
    else:
        print('プレイヤー1が後攻(×)')
        print('プレイヤー2が先攻(〇)')
        return 'lose'


def view_result(result):
    print(results[result])
```

```python
051
052 # 表を表示
053 def view_table():
054     print('ーーーーー')
055     for i in range(0, len(view)):
056         if(i%3 == 2):
057             print(view[i])
058             print('ーーーーー')
059         elif(i%3 == 1):
060             print(' | ' + str(view[i]) + ' | ', end='')
061         else :
062             print(view[i], end='')
063     print()
064
065
066 # プレイヤー1が先攻の場合
067 def game(choice):
068     if(choice == '○'):
069         message = int(input("先攻はプレイヤー1です。どこに○
                                       を配置しますか？(例:0) "))
070     elif(choice == '×'):
071         message = int(input("後攻はプレイヤー2です。どこに×
                                       を配置しますか？(例:0) "))
072
073
074         if(view[message] == '○' or view[message] == '×'):
075             game(choice)
076
077
078         else:
079             view[message] = choice
080
```

```
081
082  # プレイヤー2が先攻の場合
083  def game2(choice):
084      if(choice == '○'):
085          message = int(input("先攻はプレイヤー2です。どこに○
                                 を配置しますか？(例:0) "))
086      elif(choice == '×'):
087          message = int(input("後攻はプレイヤー1です。どこに×
                                 を配置しますか？(例:0) "))
088
089
090      if(view[message] == '○' or view[message] == '×'):
091          game(choice)
092
093
094      else:
095          view[message] = choice
096
097
098  def judgement():
099      #縦の勝ち手
100      if view[0] == view[1] == view[2]:
101          return view[0]
102
103
104      if view[3] == view[4] == view[5]:
105          return view[3]
106
107
108      if view[6] == view[7] == view[8]:
109          return view[6]
110
```

```
111
112     #横の勝ち手
113     if view[0] == view[3] == view[6]:
114         return view[0]
115
116
117     if view[1] == view[4] == view[7]:
118         return view[1]
119
120
121     if view[2] == view[5] == view[8]:
122         return view[2]
123
124
125     #斜めの勝ち手
126     if view[0] == view[4] == view[8]:
127         return view[0]
128
129
130     if view[2] == view[4] == view[6]:
131         return view[2]
132
133
134     else:
135         return None
136
137
138 def play():
139     # じゃんけん先攻後攻決め
140     my_hand = get_my_hand()
141     you_hand = get_you_hand()
142     hand_diff = my_hand - you_hand
```

```python
    view_hand(my_hand, you_hand)
    result = get_result(hand_diff)
    view_result(result)
    # あいこの場合
    if result == 'draw':
        play()


    # これより下が〇×ゲーム実行
    if result == 'win':
        view_table()
        for i in range(0,9):
            if(i %2 == 0) : #プレイヤー1先攻
                print('プレイヤー1')
                game('〇')
            else: #プレイヤー2後攻
                print('プレイヤー2')
                game("×")
            view_table()


            if judgement(): #勝敗を判定
                print(judgement() + 'の勝ち!')
                break


            if i == 8: #引き分け
                print('引き分け')
                break

```

```
175
176        if result == 'lose':
177            view_table()
178            for i in range(0,9):
179                if(i %2 == 0) : #プレイヤー2先攻
180                    print('プレイヤー2')
181                    game2('○')
182                else: #プレイヤー1後攻
183                    print('プレイヤー1')
184                    game2("×")
185                view_table()
186
187
188                if judgement(): #勝敗を判定
189                    print(judgement() + 'の勝ち!')
190                    break
191
192
193                if i == 8: #引き分け
194                    print('引き分け')
195                    break
196
197
198    start_message()
199    play()
```

とにかく最初はメイン部を探します。このプログラムにもmain()関数はないので、インデントしていない実行文を目当てに、それらしいところを探します。すると、プログラム末尾の

```
198    start_message()
199    play()
```

がメイン部と言えそうです。ただ、start_message()関数を見てみると、ゲーム開始時のメッセージを表示しているだけのようです。実質的なメイン部はplay()関数だと言っていいでしょう。

そこで138行目から始まるplay()関数を見てみようと思います。まず、処理を推測したときの❶である「先攻と後攻をじゃんけんで決める」を探します。コメントを参考にすると、139行目から始まる

```
139        # じゃんけん先攻後攻決め
140        my_hand = get_my_hand()
141        you_hand = get_you_hand()
142        hand_diff = my_hand - you_hand
143
144
145        view_hand(my_hand, you_hand)
146        result = get_result(hand_diff)
147        view_result(result)
148        # あいこの場合
149        if result == 'draw':
150            play()
```

の部分がじゃんけんで攻撃順を決めるところのようです。

そのあと、先攻が○、後攻が×を入力する部分は、プレーヤー1がじゃんけんに勝って先攻になった場合と、後攻になった場合とで分かれていました。じゃんけんに勝ったかどうかは

```
153        # これより下が〇×ゲーム実行
154        if result == 'win':
```

で判断しています。
❷の「先攻のプレーヤーが〇を置く位置を決める」処理は

```
157            if(i %2 == 0) : #プレイヤー1先攻
158                print('プレイヤー1')
159                game('〇')
```

の部分。❸の「後攻のプレーヤーが×を置く場所を決める処理」は

```
160            else: #プレイヤー2後攻
161                print('プレイヤー2')
162                game("×")
```

の部分にあたります。さらに❹の「どちらかの記号が真っすぐ3マス並ぶまで❷と❸を繰り返す」のは

```
156        for i in range(0,9):
```

の繰り返しで、最大で全9マス分を実行することで繰り返します。
その中で、どちらかが3マスそろえたときの処理は

```
166             if judgement():  #勝敗を判定
167                 print(judgement() + 'の勝ち!')
168                 break
```

の部分です。勝負が付いたところで156行目の繰り返しから抜けるという処理になっています。
　一方、最後までどちらの記号もそろわなかった場合は

```
171             if i == 8:  #引き分け
172                 print('引き分け')
173                 break
```

というコードにより、勝負が付かなかったとして「引き分け」と表示されます。
　このプログラムの場合、三目並べというゲームをプログラム化したということもあり、実際にゲームをするときの流れ、手順がプログラムに反映されています。その点では読みやすいプログラム、事前にイメージしたのに近いプログラムと言えるかもしれません。

 データ構造を読む

　前にも触れましたが、データ構造を読むというのは、グローバル変数を追っていくという意味です。コード6-4では、次のグローバル変数が使われています。

```
004  hands = ['グー', 'チョキ', 'パー']
005  view = [0,1,2,3,4,5,6,7,8]
006  results = {'win':'プレイヤー1が勝ち', 'lose':'プレイヤー2が
                                      勝ち', 'draw':'あいこ'}
007  player = {'player1':'プレイヤー1', 'player2':'プレイヤー2'}
```

　変数名と初期値から、各変数の役割と内容をかなり正確に推測できそうです。

　handsはじゃんけんの手ですから、最初に先攻／後攻を決めるときに使われているのではないでしょうか。viewは0から8の整数のリストなので、自分が選ぶマス目を指定する値、○もしくは×の記号を配置する位置で使われることになりそうです。playerについては、player1とplayer2をキーにした辞書ですね。これは何に使うんでしょうか。もしかして、プレーヤー名を登録できたりするかもなんて想像もできますね。

　変数名と初期値から、このくらいのことは想像できますが、この段階では断定はできません。それぞれを正確に追っていくには、各変数がどこでどのように参照されているか、あるいは書き換えられているかを読み取る必要があります。それにはプログラムの細部を追っていくしかありません。

→ 部分部分を読み解いていく

　プログラムの設計を把握することがプログラムを読むときの目的ですが、どの部分を細かく読み解いていくか、どこまで細部にわたって読み込むかは、プログラムを読んで何をするかで変わってきます。そこでここでは、グローバル変数のうちどうしてもイメージすることができなかったplayerがどのように使われているかを明らかにするところまで読み込んでみようと思います。皆さんもこのプログラムの中でplayerが果たす役割について解明するつもりで、あらためてコード6-4を読んでみてください。

　それ以外の部分についてはここでは省略します。皆さんはこのプログラム

をさらに機能強化するとか、もっと別の書き方でリファクタリングしてみるなどの目標を立て、それに沿って読み進めていってください。

　さてplayerに戻りましょう。でも……。

　プログラムの中でこの変数を使っている場所を探してみると、この変数に何らかの値を代入しているところもなければ、参照しているところもありませんでした。つまり、playerは使われていないグローバル変数だったというわけです。

　プログラミングの初期の段階ではきっと使うつもりだったのでしょう。それがプログラムを作っていく過程で必要なくなってしまったのに、そのままにしてしまったのか。あるいは最初は使っていたけれども何らかの修正するときに使わなくなってしまったにもかかわらず削除し忘れてしまったのか。

　いずれにしても、プログラムを書くときには不要な変数の記述が残ってしまうというのは実はありがちです。このプログラムを読む際には、player変数は読み飛ばしても大丈夫ということがわかりました。そう考えると安心ですが、大丈夫と判断するまでにはそれなりの手間もかかります。自分で書くときには、こうした不要な変数が残らないようにしたいものですね。

　あとは、部分部分にあたる関数を読んだり、変数に対して代入したり参照したりといったコードを読んでいくことで、三目並べのプログラムを読み解いていきます。

　同じ目的、機能を提供するプログラムであっても、それを実装するプログラマーによって最終的なコードは千差万別になります。似たような目的のプログラムを読むときでも、実際には個々のプログラムごとに、それぞれのプログラマーがどのように考えてプログラムをこう書いたのかというところを読み取るようにしましょう。

Chapter 7

Pythonの
モジュールを読む

本章ではPythonモジュールを取り上げます。皆さんもよく使うプログラムを読んでみましょう。

　「Pythonのモジュール自体を読む機会なんて想像できないんだけど」と思う人もいるかもしれません。でも、章を割いてPythonモジュールを取り上げるのには2つの理由があります。

　まず第一には、Pythonのようにオープンに公開され、さまざまなエンジニアの協力のもとで作られ、常に更新されているプログラムには、高い可読性や保守性が求められます。読みにくく、手を入れにくいプログラムでは、そうした環境に向きません。必然的に、Pythonモジュールは、一定以上のよいコードになっている可能性が高いのです。

　もちろん、そうした活動に参加するエンジニアがかなりスキルの高い人たちばかりであるという点も見逃せません。その結果、こうしたモジュールは「読みやすい」プログラムとはどういうものかを実感するには最適なのです。「こういうときはこう書けばいいのか」という学びを得ることができるという点で、Pythonモジュールを読むのはお薦めです。

　もう1つの理由は、自分がよく使うモジュールのふるまいや動作を知ることで、そのモジュールを使いこなすコツを知ることができる点です。確かに多くのモジュールには、その使い方について解説したドキュメントが公式のものをはじめ、たくさんのエンジニアにより公開されています。でも、そうしたドキュメントにはすべてが書かれているわけではありません。もしかしたら、自分が持つ「こういうときはどうなるんだろう」といった疑問に、直接答えてくれるドキュメントが見つけられないこともあり得ます。

　そのとき最も確実で、正確にふるまいや動作を教えてくれるのが、プログラムそのものです。こういう入力に対してこういう処理をするから、こういう出力が得られるのか。自分でそれを確認できるのがモジュールのソースというわけです。

　本章では2つのモジュールを取り上げます。最初に実習として読むのはrandomモジュールのrandrange()関数です。指定した範囲でランダムな数値を取得したいときに使います。

　次に読むのはcalendarモジュールのmonth()関数です。指定した年月のカレンダーを表示する関数です。

　前章と同じようにそれぞれのプログラムについて、その目的、外部仕様や

詳細設計などの情報、プログラム本体、私が読むときの手順の順で書いていきます。ソースコードの調べ方にも触れておきますので、ぜひ自分のパソコンでもソースコードを開いて、本書で焦点を当てたのとは異なる部分も読んでみてください。

　繰り返しになりますが、Pythonのモジュールは技術力の高いエンジニアが多数参加してプログラムを書いています。間違いなくPythonでプログラムを書くときのいいお手本です。ぜひ一度読んでみましょう。

randomモジュールのrandrange()関数

　乱数というと業務プログラムではどちらかというと使われないモジュールかもしれませんが、プログラミングの学習段階では頻繁に出てくるモジュールです。皆さんもきっと一度と言わず使ったことがあるのではないかと思います。

　ちなみにPythonのモジュールについては、次のプログラムを実行するとソースコードを見ることができます。この場合、あらかじめPythonの環境に対象のモジュールがインストールされていることが必要です。次のプログラムはrandomモジュールのrandrange()関数が対象です。random、inspectはいずれもPythonの標準モジュールなので、別途インストールする必要はありません。

> **コード7-1　Pythonモジュールのソースコードを表示するプログラム
> 　　　　　（randomモジュールのrandrange()関数の場合）**

```
01  import inspect
02  import random
03
04
05  # ソースを表示する
06  print(inspect.getsource(random.randrange))
```

　このプログラムを実行すると、randrange()関数を定義した73行[*1]のコードが表示されます。このコードを、あとで参照することにします。

プログラムを読む前に推測する

プログラムの目的

　すでに触れていますが、あらためてプログラムの目的を示しておきます。randrange()関数は、指定した範囲のランダムな整数を生成する関数です。

公式ドキュメント

　外部仕様や詳細設計のドキュメントの代わりとして、公式ドキュメントを参照してください。公式ドキュメントのURLは
https://docs.python.org/ja/3/library/random.html
です。
　このドキュメントによると、random.randrange()関数の構文は

[*1]　2024年8月末時点。

```
random.randrange(start, stop[, step])
```

となっており、start、stop、stepとして指定した値をもとにランダムに選ばれた要素を返します。

 ## プログラムの実行結果

　Pythonモジュールについては、プログラムを書いた人に直接聞くことはできないと考えてください。多くのモジュールで開発者のコミュニティはありますが、基本的な設計や動作について質問する場ではないためです。
　このため、ドキュメントを参照できることがわかったら、次に動かしてみましょう。そのうえで、randrange()関数の設計について想像してみようと思います。
　実行する際には、引数を少しずつ変えながら何パターンか試してみます。公式ドキュメントには3通りの引数の渡し方が示されていました。引数が1つの場合、2つの場合、3つの場合、です。これらをいっぺんに試すプログラムを作って、動作を確認しようと思います。

コード7-2　randrange()関数の動作確認用プログラム

```
01  import random
02  
03  
04  print("引数1つ")
05  for i in range(10):
06      print(random.randrange(5))
07  
08  
09  print("引数2つ")
10  for i in range(10):
```

```
11      print(random.randrange(5, 10))
12
13
14  print("引数3つ")
15  for i in range(10):
16      print(random.randrange(1, 10, 3))
```

　どの引数のパターンでも、それぞれ同じ引数でrandrange()関数を10回ずつ実行します。引数が1つの場合は5を指定。2つの場合は5と10、3つの場合は、1と10、3を指定しました。このプログラムを実行すると、次のように出力されました。

```
引数1つ
2
4
3
4
0
1
0
1
0
0
引数2つ
5
6
6
5
7
9
8
9
5
9
引数3つ
1
7
4
4
4
7
1
4
4
7
```

ここまでの情報から、randrange()関数の入力、処理、出力を推測してみましょう。それにはコードの実行結果を見ていくのがよさそうです。
　引数が1つのときは

入力 …… 整数（コード7-2の場合は5）
出力 …… 0以上で、入力した値未満のランダムな整数
処理 …… ランダムな整数を戻り値として返す

と考えていいでしょう。このため

```
random.randrange(5)
```

を実行したことにより、0から4までのいずれかの整数が返されたと考えられます。
　引数が2つのときは

入力 …… 2つの整数（コード7-2の場合は5、10）
出力 …… 第1引数以上、第2引数未満のランダムな整数
処理 …… ランダムな整数を戻り値として返す

とまとめられます。このため

```
random.randrange(5, 10)
```

を実行したことにより、5から9までのいずれかの整数が返されたと考えられます。
　引数が3つの場合も同様に推測してみます。入力、出力、処理はそれぞれ

入力 …… 3つの整数
出力 …… 第1引数以上、第2引数未満の範囲で、第1引数から第3引数に指定した数ごとのランダムな整数
処理 …… ランダムに整数を決めて戻り値として返す

と考えてよさそうです。このため

```
random.randrange(1, 10, 3)
```

の実行結果が1、4、7のいずれかになったと言えそうです。

プログラムを読む

　ここまで検討ができたところで、randrange()関数を定義したコードを見てみましょう。

コード7-3　randrange()関数のソースコード

```
001  def randrange(self, start, stop=None, step=_ONE):
002      """Choose a random item from range(stop) or
                              range(start, stop[, step]).
003
004      Roughly equivalent to ``choice(range(start, stop,
                                              step))`` but
005      supports arbitrarily large ranges and is optimized
                                      for common cases.
006
007      """
008
```

```
009     # This code is a bit messy to make it fast for the
010     # common case while still doing adequate error
                                                checking.
011     try:
012         istart = _index(start)
013     except TypeError:
014         istart = int(start)
015         if istart != start:
016             _warn('randrange() will raise TypeError in
                                                the future',
017                   DeprecationWarning, 2)
018             raise ValueError("non-integer arg 1 for
                                                randrange()")
019         _warn('non-integer arguments to randrange() have
                                            been deprecated '
020               'since Python 3.10 and will be removed in
                                            a subsequent '
021               'version',
022               DeprecationWarning, 2)
023     if stop is None:
024         # We don't check for "step != 1" because it
                                                hasn't been
025         # type checked and converted to an integer yet.
026         if step is not _ONE:
027             raise TypeError('Missing a non-None stop
                                                argument')
028         if istart > 0:
029             return self._randbelow(istart)
030         raise ValueError("empty range for randrange()")
031
032     # stop argument supplied.
033     try:
```

```
034         istop = _index(stop)
035     except TypeError:
036         istop = int(stop)
037         if istop != stop:
038             _warn('randrange() will raise TypeError in
                                            the future',
039                 DeprecationWarning, 2)
040             raise ValueError("non-integer stop for
                                            randrange()")
041         _warn('non-integer arguments to randrange() have
                                            been deprecated '
042               'since Python 3.10 and will be removed in
                                            a subsequent '
043               'version',
044               DeprecationWarning, 2)
045     width = istop - istart
046     try:
047         istep = _index(step)
048     except TypeError:
049         istep = int(step)
050         if istep != step:
051             _warn('randrange() will raise TypeError in
                                            the future',
052                 DeprecationWarning, 2)
053             raise ValueError("non-integer step for
                                            randrange()")
054         _warn('non-integer arguments to randrange() have
                                            been deprecated '
055               'since Python 3.10 and will be removed in
                                            a subsequent '
056               'version',
057               DeprecationWarning, 2)
```

```
058     # Fast path.
059     if istep == 1:
060         if width > 0:
061             return istart + self._randbelow(width)
062         raise ValueError("empty range for randrange()
                    (%d, %d, %d)" % (istart, istop, width))
063
064     # Non-unit step argument supplied.
065     if istep > 0:
066         n = (width + istep - 1) // istep
067     elif istep < 0:
068         n = (width + istep + 1) // istep
069     else:
070         raise ValueError("zero step for randrange()")
071     if n <= 0:
072         raise ValueError("empty range for randrange()")
073     return istart + istep * self._randbelow(n)
```

　本来のコードは全体にもう1段階インデントされているのですが、ここでは誌面での読みやすさを考えて最初のインデントを全体にわたって省略しました。お手元のコードとはそこに違いがある点にご注意ください。また、本書発行後のアップデートによりコードに違いが出る可能性もあります。コードに関する記述は実際のコードに合わせて適宜読み替えてください。

　これは関数の定義ですからメイン部がありません。1行目のdef文以降が上から順に実行されていきます。それに合わせて上から読んでいきましょう。

　最初に実行されるのは

```
011    try:
012        istart = _index(start)
013    except TypeError:
```

の部分です。tryとexceptは例外処理といって、tryの中でエラーが発生したときに、exceptの処理を実行するものです。関数のプログラムを、全体を把握するという視点で読み解くときには、tryの中を読んでいけば大丈夫です。このため、最初に実行されるのは

```
012        istart = _index(start)
```

ということになります。
　以降の行でも同様にtryの中、および関数内の処理に相当する行を抜き出してみました。tryによるインデントは解除して、メイン部に相当する処理は同列に並べてあります。また、行番号が飛んでいるのは、抜き出しているためです。

```
012    istart = _index(start)
023    if stop is None:
028        if istart > 0:
029            return self._randbelow(istart)
034    istop = _index(stop)
045    width = istop - istart
047    istep = _index(step)
059    if istep == 1:
060        if width > 0:
061            return istart + self._randbelow(width)
```

```
065    if istep > 0:
066        n = (width + istep - 1) // istep
067    elif istep < 0:
068        n = (width + istep + 1) // istep
069    else:
070        raise ValueError("zero step for randrange()")
071    if n <= 0:
072        raise ValueError("empty range for randrange()")
073    return istart + istep * self._randbelow(n)
```

　これをメイン部と考えて処理の流れを分析すると次の5段階に分けられそうです。

　最初の処理は第1引数を_index()関数で加工する（①）です。12行目の

```
012        istart = _index(start)
```

がこの処理をしています。具体的に何をしているかは_index()関数を読み解くことでわかりますが、ここでは省略します。

　次は、引数が1つだけの場合、_randbelow()関数の戻り値を、random.randrange()関数自体の戻り値にする（②）です。

```
012        istart = _index(start)
023        if stop is None:
028            if istart > 0:
029                return self._randbelow(istart)
```

が、この②に相当します。乱数をどのように決めているかは、_randbelow()

関数を読み解くことでわかると思います。ここではプログラムまで参照しませんが、random.randrange()関数の公式ドキュメントから推測すると、_randbelow()関数は0以上引数未満の整数をランダムに生成する関数と見てよさそうです。

その次の処理は、第2引数がある場合は、第2引数と第1引数の差を計算して、乱数を発生させる範囲を決める処理（③）です。これは

```
034     istop = _index(stop)
045     width = istop - istart
```

からわかります。

ここから第3引数に焦点が移ってきます。まず第3引数が1、あるいは省略されている場合、第1引数以上、第2引数未満の範囲で乱数を返します（④）。

```
047     istep = _index(step)
059     if istep == 1:
060         if width > 0:
061             return istart + self._randbelow(width)
```

の部分が、④の処理に相当します。第3引数が省略されている場合は、1行目のdef文で第3引数について

```
step = _ONE
```

と初期値が指定されているため、_ONEの値が使われます。ここでは詳細

な追求はしませんが、この値は1になっているため、第3引数を省略しても1を指定したものとしてプログラムが実行されます。

61行目のreturnでは、③で計算した範囲を_randbelow()関数に渡し、その結果を第1引数の開始値に加えた値を戻り値にしています。

最後に、第3引数が2以上で指定されている場合の処理です。これにより、第1引数から第3引数で刻んだ数値で、第1引数以上、第2引数未満の整数をランダムに返します（⑤）。このコードが

```
065     if istep > 0:
066         n = (width + istep - 1) // istep
067     elif istep < 0:
068         n = (width + istep + 1) // istep
069     else:
070         raise ValueError("zero step for randrange()")
071     if n <= 0:
072         raise ValueError("empty range for randrange()")
073     return istart + istep * self._randbelow(n)
```

です。第3引数により指定した間隔で刻むにはどうしているかは、73行目を数式として読んでみればわかるのではないでしょうか。

random.randrange()関数のメイン部を、上記のように切り分けて読んでみました。指定する引数のパターンにより分岐するよっに記述されていますが、いずれの場合も_randbelow()関数で取得したランダムな値を、戻り値に利用していることが読み取れます。

ここではエラー処理やメイン部で呼び出されている関数までは読み込みませんが、関数全体として処理の流れを理解するには、これだけ読み取れたら十分でしょう。もし読み足りないという人は、ぜひもっと踏み込んで読んでみてください。

calendarモジュールの month()関数

　Pythonの標準モジュールからもう1つ関数を読んでみましょう。ここで取り上げるのは、calendarモジュールのmonth()関数です。モジュール名、関数名だけで、ある程度どのような関数なのかは想像できますね。ではまず、プログラムを読む前の準備です。

 プログラムを読む前に推測する

　ここまで読んできた各プログラム同様に、プログラムの目的、ドキュメントにより、関数の入力、出力、処理を推測するための材料にしましょう。

 プログラムの目的

　この関数は、指定した年月のカレンダーを表示する関数です。

 公式ドキュメント

　これも、外部仕様や詳細設計の代わりに公式ドキュメントを参照しましょう。calendarモジュールの公式ドキュメントは
https://docs.python.org/ja/3/library/calendar.html
に用意されています。これによると、calendar.monthを記述することにより、TextCalendarクラスのformatmonth()メソッドが使われるという説明があります。一般にcalendar.monthを記述することが多いのですが、calendarモジュールのプログラムとしてはformatmonth()メソッドを見ることになります。そこで以降はformatmonth()メソッドにフォーカスして説明していきます。

formatmonth()メソッドの構文は

```
formatmonth(theyear, themonth, w=0, l=0)
```

となっています。これにより1カ月分のカレンダーを示す複数行の文字列を返します。wにより日付を表す列の幅を指定します。幅を広げていった場合、日の表示はその幅の中の中央に表示されます。lで1週間分を表示する縦幅を指定します。formatmonth()メソッドの場合はテキストで出力するので、縦幅とは行数のことです。また、1週間の始まりの曜日は、calendarモジュールのsetfirstweekday()メソッドを使って指定します。

プログラムの実行結果

公式ドキュメントにある通り、formatmonth()メソッドの構文をもとにcalendar.month()関数の引数をいくつか変えたプログラムを作成し、試しに実行してみます。また、setfirstweekday()メソッドで週の始まりの曜日を指定できるので、これも同じプログラムの中で使ってみて、どのように出力されるか確認してみようと思います。

テスト用のプログラムを見てください。

コード7-4　calender.month()関数の動作を試すプログラム

```
01  import inspect
02  import calendar
03
04
05  print(calendar.month(2024, 8))
06  print(calendar.month(2024, 8, 4, 2))
07
08  calendar.setfirstweekday(calendar.SUNDAY)
```

```
09  print(calendar.month(2024, 8, 4, 2))
```

　このプログラムにより、3パターンの出力を想定しています。最初は2024年8月のカレンダーを標準的な出力で。次に、同じカレンダーを、日の列幅を4、週の縦幅を2として出力。最後に、この設定に加えて、週の最初の曜日を日曜日にするようにしています。
　これを実行してみましょう。すると、このように出力されました。

```
    August 2024
Mo Tu We Th Fr Sa Su
             1  2  3  4
 5  6  7  8  9 10 11
12 13 14 15 16 17 18
19 20 21 22 23 24 25
26 27 28 29 30 31


         August 2024

Mon  Tue  Wed  Thu  Fri  Sat  Sun

                   1    2    3    4

  5    6    7    8    9   10   11

 12   13   14   15   16   17   18

 19   20   21   22   23   24   25

 26   27   28   29   30   31
```

```
            August 2024

Sun  Mon  Tue  Wed  Thu  Fri  Sat
                      1    2    3
 4    5    6    7    8    9   10
11   12   13   14   15   16   17
18   19   20   21   22   23   24
25   26   27   28   29   30   31
```

　この実行結果を見て、calendar.month()関数（つまりformatmonth()メソッド）の入力、出力を考えてみました。

入力……年、月、表示する幅および高さ、週の始まりの曜日
出力……指定された年月のカレンダー

　そこから考えると、この関数の処理は、指定された年月のカレンダーを、幅、高さ、始まりの曜日の指定に合わせて返す、ということになると推測できます。

→ プログラムを読む

　ここまで情報を集めて推測したところで、プログラムを見てみましょう。randrange()関数と同様に、プログラムでソースコードを表示させます。

コード7-5　calendar.month()関数のソースを表示するプログラム

```
01  import inspect
02  import calendar
03
04
05  # ソースを表示する
06  print(inspect.getsource(calendar.month))
```

　これを実行すると、formatmonth()メソッドを定義するコードが表示されます。このことからも、プログラム中でcalendar.month()関数を記述するとformatmonth()メソッドが呼び出されることがわかります。
　formatmonth()メソッドのコードは次のようになっています。randrange()関数のときと同様、読みやすさを考慮してインデントを調整しています。

コード7-6　formatmonth()メソッドを定義するコード

```
01  def formatmonth(self, theyear, themonth, w=0, l=0):
02      """
03      Return a month's calendar string (multi-line).
04      """
05      w = max(2, w)
06      l = max(1, l)
07      s = self.formatmonthname(theyear, themonth, 7 * (w +
                                                          1) - 1)
08      s = s.rstrip()
09      s += '\n' * l
10      s += self.formatweekheader(w).rstrip()
11      s += '\n' * l
12      for week in self.monthdays2calendar(theyear,
```

```
                                            themonth):
13          s += self.formatweek(week, w).rstrip()
14          s += '\n' * l
15      return s
```

　さて、ではメイン部を見て全体の処理を把握しましょう。といっても、メソッドなので関数と同様にmain()関数はありませんから、全体の処理を把握することを念頭に、上から順に見ていくことになります。
　まず、大まかな流れをつかみましょう。たった15行のプログラムですが、7行目までで

❶ 幅や高さを変数として保持する

```
05      w = max(2, w)
06      l = max(1, l)
```

❷ 年月の文字列を取得する

```
07      s = self.formatmonthname(theyear, themonth, 7 * (w +
                                                         1) - 1)
```

という2つの処理を実行しています。❷については、formatmonthname()メソッドを実行しており、関数名と実行結果の出力から考えると、最初の行の年月（実行結果のAugust 2024）を出力しているのではないでしょうか。また、第3引数で1週間分の幅を計算してしているように見えますね。
　さらに先を見てみましょう。

❸ 1行の高さを調整

```
08      s = s.rstrip()
09      s += '\n' * l
```

8行目のrstrip()関数は、文字列の右端の1文字を削除する関数です。sは7行目で生成された文字列で、右端の文字は実は改行です。これをいったん削除して、第4引数で指定した行数分の改行コードを追加していることがわかります。

その続きも見ていきます。

❹ 曜日の行を取得する

```
10      s += self.formatweekheader(w).rstrip()
11      s += '\n' * l
```

この処理でも、❸と同様に行末の改行コードの数をlに合わせて高さを合わせる処理をしつつ（11行目）、formatweekheader()メソッドの引数wで、文字間隔を調整していると推測できます。

❺ カレンダー本体を取得

```
12      for week in self.monthdays2calendar(theyear,
                                              themonth):
13          s += self.formatweek(week, w).rstrip()
14          s += '\n' * l
```

monthday2calendar()という何をするかわからない関数もしくはメソッド[*2]が出てきました。でも、この3行が繰り返し処理になっており、13行目ではmonthday2calendar()から取り出した値をformatweek()の引数にしています。そうすると、monthday2calendar()は指定された年、月をもとにその月が全部で何週あるかを返しているようです。それを繰り返し処理の終わりの指定に使っていると考えられます。

そして13行目で、繰り返しの周回から第何週かがわかるので、その週の日付が並んだ行を追加していると読み取れます。

❻ カレンダーのデータを戻り値として返す

```
15        return s
```

❶～❺までの処理が終わったところで、変数sに格納されたカレンダーとなる文字列を戻り値として返します。

主なformatmonth()メソッドの処理の流れは、このようになっています。途中で呼び出しているformatmonthname()メソッドなども、実行結果と照らし合わせながら、入力と出力を追うことで、それぞれの処理を推測することができます。興味があったら、その推測が正しいかどうか、それぞれの関数のコードも読んでみてください。

このように入力と出力がわかっていると、処理を推測することは難しくありません。繰り返したくさんのプログラムを読むことで、入力と出力を見つける力が付きます。そうすれば処理を推測するスキルも確実に上がっていきます。それにより、どんどんプログラムを読む力が付き、どんなプログラムでも読めるようになります。たくさんのプログラムを読む糸口として、よく使う関数のソースコードを開いてみることをお薦めします

[*2] インターネットで検索してみると、formatmanthname()およびformatweek()はいずれもcalendarモジュールで定義されたTextCalendarクラスのメソッドであることがわかります。

Chapter 8

実習
業務システムを読む

実際の開発業務に生かせる読み方を身に付ける機会は、人によってはなかなかないかもしれません。また、実務の中では手ごろなサイズや内容のプログラムでトレーニングすることはなかなかできないでしょう。そこで本章では、比較的簡単な業務システムのプログラムを読んでみようと思います。

　本章で紹介するのは、シンプルな顧客管理システムです。外部仕様書、詳細設計書がそろっています。プログラム自体は機能を絞り込むことにより、100行程度のシンプルなコードになっていますが、顧客管理システムとしては基本的な機能を実装しています。読みやすいコードになっていることもあり、業務システムの読み方の入門にはちょうどいいと思って取り上げました。

　業務システムあるいは顧客管理システムというと複雑なプログラムを想像するかもしれません。でも、ここまでで見てきた通り、プログラムの中から入力と出力を探すという手法は変わりません。入力と出力を見つけられれば、どんなプログラムでも読み解いていけるということを本章の実習で実感していただきたいと思います。

顧客管理システム

　ここで取り上げる顧客管理システムについて、プログラムを作った人にヒアリングすることはできないというのは、ここまでのプログラムと変わりません。一方、外部仕様書と詳細設計書はきちんとしたものが残されていて、それが参照できるという前提です。

▶ プログラムを読む前に推測する

　ここでは、この顧客管理システムをバージョンアップする開発プロジェク

トにメンバーとして参加しているという想定で、プログラムを読むことにします。

プログラムを読む前に、できるだけの情報を集めてプログラムの全体像を推測しておくのが重要と、ここまで何度も説明してきました。さっそく、そのための準備を進めていきましょう。

 プログラムの目的

このプログラムは、顧客の情報を管理するのが目的です。登録した顧客について、必要な情報を迅速に参照し、お客さまへの対応速度を上げるために開発されました。

 外部仕様

外部仕様書の全文を掲載するのはさすがにスペースの無駄なので、プログラムを読むための要点を抜き出しました。①システムの概要、②機能一覧、③非機能要求、④利用者、についての情報を頭に入れてください。このくらいの項目、くわしさで、仕様書から情報を読み出すという目安にもしていただけると思います。

❶ システムの概要
本システムは、顧客情報をCSVファイルで管理するシンプルな顧客管理システムです。顧客の登録、検索、更新、削除といった基本的な機能を提供します。

❷ 機能一覧
本システムでは以下の機能を提供します。
顧客登録 …………… 顧客情報を新規に登録する
顧客検索 …………… 顧客名や会社名などのキーワードで顧客を検索する
顧客情報更新 ……… 登録済みの顧客情報を更新する
顧客削除 …………… 登録済みの顧客情報を削除する
データ保存 ………… 顧客情報をCSVファイルに保存する

データ読み込み …… CSV ファイルから顧客情報をロードする

❸ 非機能要求
　本システムでは以下の点に留意して実装します。
操作性 ……… 直感的な操作で誰でも簡単に利用できる
信頼性 ……… データの破損を防ぎ、正確な情報を保持する
拡張性 ……… 今後の機能追加に対応できる柔軟な設計とする

❹ 利用者
　本システムは、顧客情報を管理する必要のある個人または小規模な組織の利用を想定しています。

 詳細設計

　詳細設計も外部仕様同様、設計書全文ではなく要点をまとめたものを掲載します。❶データ構造、❷モジュール設計、❸アルゴリズム、❹操作手順、❺エラー処理、❻今後の課題、の6項目からプログラムを読むのに有用な情報を抜き出しました。

❶ データ構造
　顧客データはCSVファイルに保存します。データは、次の項目で構成されます。
・会社名　　　・部署名　　・担当者名　　　・電話番号
・携帯電話番号　・住所　　・メールアドレス　・備考

❷ モジュール設計
　本システムでは、以下のモジュールを実装します。
load_data() ………………… CSVファイルから顧客データをロードし、メモリー上のリストに格納する
save_data() ………………… メモリー上の顧客データをCSVファイルに保存する

```
show_menu()  ……………  メニューを表示する
register_customer()  ……  顧客情報を登録する
search_customer()  ……  顧客を検索する
update_customer()  ……  顧客情報を更新する
delete_customer()  ………  顧客を削除する
```

❸ アルゴリズム

各機能の処理の流れを簡単に説明します。

```
顧客登録  …………  入力された顧客情報をリストに追加する
顧客検索  …………  入力されたキーワードを含む顧客をリストから検索する
顧客情報更新  ……  検索された顧客の情報を入力された内容で更新する
顧客削除  …………  検索された顧客をリストから削除する
```

❹ 操作手順

本システムは、以下のフローを想定しています。

1. プログラム起動
2. CSVファイルから顧客データを読み込む
3. メニューを表示
4. ユーザーがメニューを選択
5. 選択された機能を実行
6. 処理結果を表示
7. プログラム終了もしくはメニューを表示

❺ エラー処理

以下の状況を想定してエラー処理を実装します。

・CSVファイルが見つからない場合のエラー処理
・入力値が不正な場合のエラー処理

❻ 今後の課題

ここでは、本システムの今後の改善点を示します。

データの重複チェック ………	顧客登録時に同じ顧客が既に登録されていないかチェックする
検索機能の強化 ………………	複数の条件で検索できるようにする
ユーザーインターフェース ……	より使いやすいGUIを作成する
データのバックアップ ………	定期的にデータをバックアップする
セキュリティ …………………	パスワードによる保護や、不正アクセス対策を検討する

プログラムの全体像を想像する

　前述の通り、ここではこの顧客プログラムをバージョンアップすることを前提にします。それを踏まえて、プログラムを読む準備をさらに進めていきましょう。

　私がプロジェクトのメンバーだとしたら、①顧客管理システムについての調査、②対象システムの仕様を確認、の2点を、プログラムを読む前にやっておきたいところです。

① 顧客管理システムについての調査

　そもそも、自分が顧客管理システムについて適切に理解しているかから考える必要があります。何度も同様のシステムを開発した経験があるなら別ですが、そうでなければ顧客管理システムが一般にどのようなものかを調べます。多少知ってはいても、正しい認識をしているか、知識に漏れがないかなどを確認するためにも、こうした基礎知識の確認は必要です。仮に知っていることが多くても、それが自分の知識の棚卸しにもなるため、調査することには必ず意味があります。

　その際の主なポイントは

- 一般的な顧客管理システムの目的
- 必要なデータ
- データ入力方法

● データ出力（管理）方法

といったところです。
　業務システムであれば、どんな目的のものであれ、それぞれにこのようなシステムになっているはず、という一般的なシステムイメージがあります。顧客管理システムであれば、「顧客の情報を管理し、使いたいときに検索する」。これが顧客管理システムの基本的なイメージです。
　それに応じて必要となる機能は

❶ 顧客を登録（変更、削除）する
❷ 顧客を検索する

という2つの機能は、必ず実装されている"はず"です。
　もう少しこの2つの機能を掘り下げておきましょう。
　顧客登録の機能について入力、出力を考えてみます。一般には

入力 …… 顧客情報
出力 …… 顧客情報を記録メディアに出力

となります。出力については一般には、社内のサーバーにファイルで出力したり、データベースサーバーであったり、あるいはクラウドのデータベースであったりといった出力先が考えられます。今回の出力は、CSVファイルです。
　処理については「入力された顧客情報を、CSVファイルに出力する」と言えるでしょう。
　同様に、顧客の検索についても入力、出力、処理を整理しておきます。入力と出力については

入力 …… 顧客を検索するためのキーワード
出力 …… 入力にマッチする顧客の情報

となります。検索ですから、その処理は「キーワードにマッチする顧客を検索し、その顧客情報を表示する」と考えられます。

登録や検索に限らず、業務システムであればどのようなものでも、それに求められる機能には「おおむねこうあるべき」というものがあります。それを調べたり、推測したりすることで一般的な全体像を把握したうえで、対象のシステムの調査に乗り出しましょう。顧客管理システムであれば、ここでまとめたようなシステム全体のイメージから、そう大きく離れることはないはずです。

 ② 対象システムの仕様を確認

　一般的なシステムについて理解を深めたうえで、対象のシステムについて見ていきます。
　まずは仕様書です。外部仕様については

- 入力や出力をどのような方法で行っているか
- どのような機能が実装されているか

を確認します。
　詳細設計では

- 具体的な入力項目および出力項目
- 出力形式
- 機能と関数の結び付け

を見ておきます。2番目の出力形式について、今回の場合はCSVファイルであることはここまでも何度か触れてきました。でも詳細設計からはそれだけでなく、どういう項目がどういう順番で並んでいるかという仕様まで確認しておきます。
　こうした視点で仕様書を読み、対象のシステムがどのように動いているかを調べていきます。外部仕様から入力、出力がどうなっているかを把握し、詳細設計ではより具体的に入力、出力の実装について調べます。それによりメイン部の大まかな流れをつかんでおきます。
　このとき、一般的なシステム像をあらかじめ頭の中に描いておくと、対象

のシステムの調査にかかる時間を短縮できます。一般的にはこうなっているはずだというのを基準に、その違いがどこにあるかを見ていけばいいためです。

→ プログラムを読む

ここまで調査ができたら、プログラムを読むのがかなりスムーズになるはずです。実際のプログラムを読む際には

● メイン部の流れがどうなっているか
● あるべき機能がどの部分（関数）で実装されているか

という視点で読んでいくことができるため、大きなプログラムでも効率的に読んでいくことができます。
では、顧客管理システムのプログラムを読んでみましょう。

コード 8-1　顧客管理システムのプログラム例（clientDB.py）

```
001  import csv
002
003
004  # 顧客データを格納するリスト
005  customers = []
006
007
008  def load_data():
009      """CSVファイルから顧客データをロード"""
010      try:
011          with open('customers.csv', 'r', newline='') as f:
012              reader = csv.reader(f)
013              for row in reader:
```

```
014                customers.append(row)
015     except FileNotFoundError:
016         print("顧客データが見つかりません。")
017
018
019 def save_data():
020     """顧客データをCSVファイルに保存"""
021     with open('customers.csv', 'w', newline='') as f:
022         writer = csv.writer(f)
023         writer.writerows(customers)
024
025
026 def show_menu():
027     print("1. 顧客登録")
028     print("2. 顧客検索")
029     print("3. 顧客情報更新")
030     print("4. 顧客削除")
031     print("5. 終了")
032
033
034 def register_customer():
035     company_name = input("会社名を入力してください: ")
036     department = input("部署名を入力してください: ")
037     name = input("担当者名を入力してください: ")
038     tel = input("電話番号を入力してください: ")
039     mobile = input("携帯電話番号を入力してください: ")
040     address = input("住所を入力してください: ")
041     mail = input("メールアドレス所を入力してください: ")
042     remarks = input("備考を入力してください: ")
043     customers.append([company_name, department, name,
                         tel, mobile, address, mail, remarks])
044     print("顧客情報を登録しました。")
```

```
045
046
047  def search_customer():
048      search_keyword = input("検索キーワードを入力してください:
                                                               ")
049      for customer in customers:
050          if search_keyword in customer:
051              print("会社名:", customer[0])
052              print("部署名:", customer[1])
053              print("担当者名:", customer[2])
054              print("電話番号:", customer[3])
055              print("携帯電話番号:", customer[4])
056              print("住所:", customer[5])
057              print("メールアドレス:", customer[6])
058              print("備考:", customer[7])
059              return
060      print("該当する顧客が見つかりません。")
061
062
063  def update_customer():
064      search_keyword = input("更新したい顧客の会社名または担当
                                    者名を入力してください: ")
065      for i, customer in enumerate(customers):
066          if search_keyword in customer:
067              print("更新する項目を選択してください:")
068              print("1. 会社名")
069              print("2. 部署名")
070              print("3. 担当者名")
071              print("4. 電話番号")
072              print("5. 携帯電話番号")
073              print("6. 住所")
074              print("7. メールアドレス")
```

```
075                print("8. 備考")
076                choice = input()
077                new_value = input("新しい値を入力してください:
                                                                 ")
078                customers[i][int(choice)-1] = new_value
079                print("顧客情報を更新しました。")
080                return
081        print("該当する顧客が見つかりません。")
082
083
084  def delete_customer():
085        search_keyword = input("削除したい顧客の会社名または担当
                                       者名を入力してください: ")
086        for i, customer in enumerate(customers):
087            if search_keyword in customer:
088                del customers[i]
089                print("顧客情報を削除しました。")
090                return
091        print("該当する顧客が見つかりません。")
092
093
094  if __name__ == "__main__":
095        load_data()
096
097
098        while True:
099            show_menu()
100            choice = input("メニューを選択してください: ")
101
102
103            if choice == '1':
104                register_customer()
```

```
105        elif choice == '2':
106            search_customer()
107        elif choice == '3':
108            update_customer()
109        elif choice == '4':
110            delete_customer()
111        elif choice == '5':
112            save_data()
113            print("終了します。")
114            break
115        else:
116            print("無効な入力です。")
```

→ メイン部の流れをつかむ

前述の通り、まずメイン部が始まる場所を見つけます。このプログラムの場合main()関数はありませんが、94行目に

```
094 if __name__ == "__main__":
```

があります。この行は、「__name__変数の値が文字列『__main__』ならば」という意味です。Pythonではプログラムの実行時にはデフォルトで__name__変数に

```
"__main__"
```

が格納されます。このため、このプログラムを実行すると、必ず最初に94行目に続く

```
095        load_data()
```

が実行されます。このため、これがメイン部の最初の処理になります。
　メイン部の処理を追っていきましょう。95行目から順に見ていくと

❶ 登録済みの顧客情報を読み込む

```
095        load_data()
```

❷ 操作用メニューを表示する

```
098        while True:
099            show_menu()
```

❸ 指定されたメニュー番号に対応した処理を実行する

```
100            choice = input("メニューを選択してください: ")
101
102
103            if choice == '1':
104                register_customer()
105            elif choice == '2':
```

```
106            search_customer()
107        elif choice == '3':
108            update_customer()
109        elif choice == '4':
110            delete_customer()
111        elif choice == '5':
112            save_data()
113            print("終了します。")
114            break
115        else:
116            print("無効な入力です。")
```

となっています。

　メニューがどうなっているかは、show_menu()関数を見ればわかりそうです。関数定義は、26〜31行目に書いてあります。

　メイン部の103行目以降を見れば、顧客管理の基本機能である顧客登録と顧客検索が実装されていることがわかります。顧客登録に関する機能では、新規登録、更新、削除にはそれぞれregister_customer()関数、update_customer()関数、delete_customer()関数、検索に関する機能としてsearch_customer()関数を呼び出していますね。

　ここでは関数の詳細までは触れませんので、ぜひ実習として読んでみてください。読み取るのに苦労するところがあれば、入力と出力が何かについて、できるだけ大きな範囲でつかむことに立ち戻って読み直すといいでしょう。でも、ここまで本書を読んでくださった皆さんなら、それほど難しい記述はないはずです。

　ここで取り上げたプログラムは、100行あまりのサイズで、内容もシンプルです。実際の業務に使用されている顧客管理システムは、機能がもっとたくさんあり、たくさんの情報が管理されており、画面で操作するようなユーザーインターフェースも作成していることでしょう。サイズも大きく、関数の数も多く、個々の記述も複雑になっているはずです。

　でも、顧客管理システムであれば、必ず顧客の登録、顧客の検索機能はあ

ります。その機能がどのようなプログラムになっているかを読み取ることができると、他の機能も読み取りやすくなります。

　どんなシステムであれ、まずはシンプルに全体像を把握すること、つまり全体の入力や出力がどうなっているかを把握し、処理を読み取っていくことから始めましょう。そう考えると、以前よりも長く、複雑そうなプログラムでも読める自信が付いているのではありませんか？　ぜひ、この調子でどんどんプログラムを読んでいってください。

あとがき

　プロジェクトチームでシステム開発をしていたときのソースコードレビューで、ある先輩がとても鋭い指摘をしたことをとても印象深く覚えています。「ソースコードを読んだだけなのに、どうしてそこまで掘り下げた指摘ができるのだろうか」と思ったものです。駆け出しだった私が指摘できるのは変数のスペルミスくらいだったのに対して、その先輩はプログラムの構造的な問題点をソースコードレビューで見つけていました。

　私が1行という単位でしかプログラムを見ていなかったのに対して、先輩はおそらくプログラムの全体像が見えていたのでしょう。その上で「自分だったらこういう設計にする」というところまで頭の中で描ける人だったから、構造的なミスを見逃すことがなかったということだったのでしょう。今振り返れば、そう思えます。

　今、プログラミング教室で生徒からプログラムが動かないと質問をされたとしたら、私はそのプログラムのソースコードを見せてもらいながら、プログラムの全体像を描き、そこからどこに問題があるかを見つけて、どう修正するか回答しています。そう思うと、今の私は当時の先輩と同じようなプログラムの見方ができるようになっているのかもしれません。

プログラムを読めるようになるには、どうしたらいいか

　それはたくさんのプログラムを読むしかありません。私は仕事でプログラムを修正する機会が多かったため、新人エンジニア時代から必然的に「たくさん読む」ことができました。その結果、もしかしたら効率的にプログラムの全体像が見えるようになれたのかもしれません。

　これからプログラムを読む力を身に付けていきたいという皆さんにとっても同じです。読めるようになるためには、読む量を増やすのが確実に役に立つ方法です。ただ、たくさん読むといっても闇雲に読むのではなく、「読み方」を知った上で読むことにより、私よりもきっと効

率的に、もっと早く、もっと少ない量でプログラムの全体像を把握できるようになるはずだ。そう思って本書をまとめ上げました。本書を通じて、プログラムの読み方、読むときの考え方を知っていただけたらと思います。

たくさん読むと書く技術も向上する

　最後にプログラムをたくさん読むことがプログラムを書く技術にもつながっていくことを強調しておきたいと思います。

　多くのプログラムを読んでいるうちに、読みやすいプログラムとそうでないプログラムがあることに気付くと思います。読みやすいプログラムに目を通した経験が重なっていくことで、読みやすいプログラムの書き方がわかってきます。

　インターネットで公開されているプログラムや、Pythonのモジュールは、技術力の高い開発者によって書かれていることがほとんどです。これらのプログラムを読むことは、新しいプログラミング技術、新しいプログラムの書き方、新しい設計の考え方に触れる、とてもよい機会になります。こうしたプログラムを積極的に読むことで、プログラムの書き方、作り方の幅を広げることができるでしょう。

　また、こうしたプログラムの場合、「他の人に読まれる前提」で作られています。高度な技術が、読みやすく、可読性や保守性の高いプログラムを通じて提供されているということです。読みやすいプログラムを読んで、それをお手本に自分でも機会を見つけて同じように書いてみる。これを繰り返すことにより、皆さんも読みやすいプログラムを書けるようになります。

　本書を通じて、プログラムを読むことについても、書くことや設計することについても高いスキルを持つプログラマーが増えていったら、著者としてこんなに幸せなことはありません。これからもぜひ、プログラムを読むことを続けていただければと思います。

2024年9月5日

岩松 洋

Plofile 著者プロフィル

岩松　洋 (いわまつ　ひろし)

岡山大学工学部修士課程情報工学専攻卒。
大手IT企業にてプログラマー、システムエンジニアとして経験を積み、情報処理技術者プロジェクトマネージャー資格を取得。
開発チームのプロジェクトマネージャーとして官公庁のセキュリティシステム開発を担当後、起業。

豊富な開発経験と要件定義のスキルを活かし、中小企業の生産性向上や業務効率改善を支援する専門コンサルタントとして活動。
また、人材育成にも力を入れ、「考える社員」を育てることを目的とした企業向けの研修プログラムを提供し、講師も務める。自ら問題を発見し、解決策を考え実行できる力を持つ人材を育むことを目的としている。

初心者がつまずきがちな文法暗記型教育に疑問を抱いていたことから、2019年よりプログラミング教育にも取り組んでいる。
特に、日常の事柄を「紙とえんぴつ」を使用して言語化するトレーニング手法で「プログラミングを学んでも書くことができない」という課題を解決する指導に力を入れている。
アルゴリズム学習においても、単なる手法の理解にとどまらず「考え方」を身につけることを重視し、実践的なスキルの習得を支援している。

著書に『紙とえんぴつで学ぶアルゴリズムとフローチャート』(日経BP)があるほか、動画学習コンテンツも提供中。

- 本書の内容は、2024年9月現在の情報に基づいています。
- 本書に基づき行動した結果、直接的、間接的な被害が生じた場合でも、日経BP並びに著者はいかなる責任も負いません。
- 本書についての最新情報、訂正、重要なお知らせについては、下記Webページを開き、書名もしくはISBNで検索してください。ISBNで検索する際は - (ハイフン) を抜いて入力してください。
  https://bookplus.nikkei.com/catalog/

書くスキルも設計スキルも飛躍的に上がる！
プログラムを読む技術

2024年 9月30日　第1版第1刷発行

著　者	岩松 洋
発行者	中川 ヒロミ
編　集	仙石 誠
発　行	株式会社日経BP
発　売	株式会社日経BPマーケティング
	〒105-8308 東京都港区虎ノ門4-3-12
装　丁	小口 翔平 ＋ 青山 風音 (tobufune)
デザイン	株式会社ランタ・デザイン
印刷・製本	TOPPANクロレ株式会社

- 本書に記載している製品名および会社名は、各社の商品または登録商標です。なお、本文中にTM、®マークは明記しておりません。
- 本書に掲載しているPythonの標準モジュールに関する著作権はPython Software Foundationが保有しています。
- 本書籍に関するお問い合わせ、ご連絡は下記にて承ります。なお、本書の範囲を超えるご質問にはお答えできませんので、あらかじめご了承ください。
  https://nkbp.jp/booksQA
- 本書の無断複写・複製（コピー等）は著作権法上の例外を除き、禁じられています。
  購入者以外の第三者による電子データ化および電子書籍化は、私的使用を含め一切認められておりません。

©2024 Hiroshi Iwamatsu
ISBN978-4-296-07102-9
Printed in Japan